1 IMMEUBLE ŒUVRE

PARIS

Eva Jospin
La Traversée – 2018
Carton découpé, 5,3 x 2,8 m.
GROUPE EMERIGE
B&B Architectes et Franklin Azzi Architecture

L'artiste est représentée par la galerie Mariane Ibrahim (Paris-Chicago-Mexico City), la galerie Suzanne Tarasieve (Paris) et la Galleria Continua (Paris-San Gimignano-Pékin-Les Moulins-La Havane-Rome-São Paulo).

Lauréate du prix 1 immeuble, 1 œuvre 2019

Éditorial

« La commande artistique est un maillon essentiel »

Au cœur de la charte 1 immeuble, 1 œuvre, il y a l'idée que l'art doit faire partie de nos lieux de vie et de notre quotidien. Née il y a dix ans, elle est le fruit d'un partenariat unique entre le ministère de la Culture et 13 entreprises privées – promoteurs immobiliers, sociétés foncières, hôtels. Tous étaient animés par une même volonté : que la commande artistique devienne un moyen de démocratiser l'art et de soutenir la création. Depuis 2015, 87 nouveaux signataires ont rejoint ce programme.

Sculptures, peintures, photographies, fresques : en dix ans, environ 1 000 œuvres ont vu le jour partout en France, à l'intérieur et aux abords des habitations comme des bureaux. Ce succès, nous le devons à l'engagement collectif des signataires, de l'État, des collectivités territoriales, du Comité professionnel des galeries d'art et de l'association le Club 1 immeuble, 1 œuvre.

Leur action est déterminante pour permettre au plus grand nombre d'accéder à la scène artistique française. Grâce à eux, c'est aussi le talent de nos artistes qui trouve un terrain d'expression et de visibilité sans pareil. Ce numéro hors-série de Beaux Arts Magazine vient rendre hommage au travail de chacun.

Finalement, le programme 1 immeuble, 1 œuvre donne à voir ce que la collaboration entre acteurs publics et privés peut offrir de mieux et démontre que la commande artistique est un maillon essentiel de la démocratie culturelle. À la clé : le bonheur de croiser l'art au coin de la rue et de partager des émotions communes.

À toutes et tous, je souhaite une excellente lecture. Et longue vie au programme 1 immeuble, 1 œuvre !

Rachida Dati
Ministre de la Culture

Éditorial

« Donner du sens à l'espace dans lequel nous vivons »

Dix ans. C'est l'âge du programme 1 immeuble, 1 œuvre. Certains diront que c'est un jeune âge. Je dirais pour ma part que c'est un bel âge. En 2015, nous lancions l'initiative 1 immeuble, 1 œuvre avec pour dessein de diffuser la création contemporaine au plus grand nombre, de soutenir les artistes et de favoriser les échanges au quotidien dans les espaces de vie en commun.
Aujourd'hui, plus de 1 000 œuvres d'art ont été commandées et installées sur l'ensemble du territoire français. Dans des villes de toutes les échelles, au sein des immeubles résidentiels comme dans les lieux de travail, les propositions artistiques contribuent à donner du sens à l'espace dans lequel nous vivons.
Dix ans après sa création, 1 immeuble, 1 œuvre continue de fédérer et de mobiliser promoteurs immobiliers, sociétés foncières et bailleurs sociaux. Ce sont 100 entreprises qui sont signataires de la charte. Ce sont également 780 artistes qui ont convié habitants et visiteurs à la réflexion, à la rêverie, à la discussion mais aussi au débat.
1 immeuble, 1 œuvre est devenu en dix ans le premier programme de commande artistique privée en France. Merci aux équipes du ministère de la Culture, à la Fédération des promoteurs immobiliers et à l'ensemble des acteurs qui le font vivre au quotidien, entreprises, artistes, architectes, galeries. Sans oublier le Club 1 immeuble, 1 œuvre, que j'ai l'honneur de présider, et qui grâce à ses 40 membres et à ses administrateurs constitue le formidable moteur de la dynamique collective.
L'art est une nécessité tant pour la ville que pour la vie.
Bon anniversaire à 1 immeuble, 1 œuvre !

Arthur Toscan du Plantier
Président du Club 1 immeuble, 1 œuvre
Directeur général adjoint du groupe Emerige

ENTRETIEN

« DANS UN IMMEUBLE, LA RENCONTRE AVEC L'ŒUVRE SE FAIT NATURELLEMENT »

Aujourd'hui directrice du Centre national des arts plastiques (Cnap), institution chargée notamment d'accompagner la commande publique, Béatrice Salmon fut directrice adjointe chargée des arts plastiques, de 2018 à 2019, à la Direction générale de la création artistique du ministère de la Culture. Elle échange avec Laurent Dumas, président-fondateur du groupe Emerige, sur la genèse, les enjeux et la réussite d'1 immeuble, 1 œuvre, dont ils furent parmi les instigateurs.

Laurent Dumas, vous êtes connu pour être un grand collectionneur d'art contemporain, actif soutien de la scène française, et cocréateur du programme. D'où est venue cette idée ? Car, dans toute opération immobilière, le beau n'est-il pas d'abord produit par l'architecte ?

Laurent Dumas — L'idée est née d'un constat partagé avec plusieurs grands acteurs de l'immobilier : nous avions un intérêt commun à intégrer des œuvres d'art dans les bâtiments que nous concevions. Il s'agissait de créer les conditions d'un dialogue entre la création contemporaine et l'architecture. Chez Emerige, nous avions déjà expérimenté cette démarche, notamment lors de la transformation, en 2010, de l'ancien immeuble des douanes, à Paris (7e arrondissement). Plutôt que de consacrer des budgets très significatifs à la décoration des parties communes, nous avions choisi d'en affecter une part importante à une commande artistique, afin que l'immeuble devienne une œuvre totale et qu'il témoigne de notre attachement aux artistes vivant et travaillant en France. Dès cette première réalisation, nous avons voulu être ambitieux et avons sollicité Gérard Garouste. Nous lui avons commandé des portes monumentales en bronze visibles depuis l'espace public, une sculpture, ainsi que la transposition de deux de ses peintures en immenses céramiques grâce au talent d'Armelle Benoit. Pour répondre directement à votre question, il est évident que l'architecture peut se suffire à elle-même. Mais l'art, en dialogue avec elle, lui confère une plus forte intensité, un supplément d'âme.

Béatrice Salmon — La relation entre art et architecture relève d'une très longue histoire, jalonnée, il est vrai, de certaines périodes de désamour. L'art a souvent été présent, notamment dans les bâtiments de pouvoir. Quelques architectes-artistes ont revendiqué cette totale fusion, à la fin du XIXe ou au début du XXe siècle ; on pense évidemment à Guimard et Horta ou à Chareau. Plusieurs programmes parisiens, y compris dans le domaine du logement social, ont aussi fait une place à la commande artistique, afin de rendre l'art visible par le plus grand nombre. La rupture a eu lieu en mai 1968, avec la scission entre écoles d'art et d'architecture même si des projets ambitieux ont continué à exister dans l'espace public. Grâce au programme 1 immeuble, 1 œuvre, nous avons renoué le fil de cette longue histoire et posé les conditions d'un dialogue fécond.

MONTPELLIER (HÉRAULT)

Clara Langelez
Composition de matières — 2025
LINKCITY - BOUYGUES BÂTIMENT ÎLE-DE-FRANCE
HGA Architectes

Quel était l'objectif ?
Laurent Dumas — Convaincus que l'art est un facteur du mieux-vivre ensemble pour les habitants et usagers d'immeubles, certains acteurs immobiliers faisaient déjà appel à la commande d'œuvres pour leurs programmes. L'objectif était de transformer des initiatives individuelles en une démarche collective et d'engager beaucoup plus d'entreprises à installer systématiquement des œuvres d'art dans leurs immeubles. Ce mouvement permettait également de contribuer à soutenir directement les artistes et à diffuser leur travail auprès d'un plus large public et notamment de ceux qui en sont éloignés.

De la part des pouvoirs publics, quel intérêt y a-t-il à soutenir un tel programme émanant à 100 % du secteur privé ? En quoi un programme comme celui-ci vous semble pouvoir contribuer à la diffusion des arts plastiques ?
Béatrice Salmon — L'État a de très longue date une expertise dans le domaine de l'art dans l'espace public. Or dès lors que nous parlons d'espace public, nous nous situons logiquement au croisement de l'action de différents protagonistes. Il est donc fondamental d'avoir cet esprit d'ouverture, de dialogue. Voir les promoteurs revenir au projet de renouer le lien entre architecture et art, sur un mode très volontariste et avec la prise de risque que cela implique, nous a donc fortement intéressés. C'était une évidence qu'il fallait accompagner cette initiative, sachant que le ministère de la Culture a entretenu la tradition du 1 % artistique, créé par le ministre Jean Zay dans les années 1930, expression de la conviction que la rencontre avec l'art peut advenir ailleurs que dans les musées ou les lieux qui lui sont dédiés. D'autre part, il s'agit aussi de soutenir les artistes par le biais de la commande, et l'on sait les difficultés économiques que nombre d'entre eux traversent.

Le ministère de la Culture se devait-il aussi d'être présent pour bien cadrer les choses ?
Béatrice Salmon — Le ministère de la Culture était convaincu de l'ambition du programme. De notre côté, la répartition des rôles était très claire. C'est une expertise, un savoir-faire que nous mettions, et que nous mettons toujours, au service du programme. Il faut bien avoir à l'esprit que les logiques de la construction et de la commande artistique appartiennent à deux mondes différents. Les codes ne sont pas les mêmes quand on construit ou quand on commande

SAINT-DENIS
(SEINE-SAINT-DENIS)

Louis-Cyprien Rials
Perspective 18 — 2017-2018
Tirage photographique, diptyque, 88 x 149,7 x 7 cm chacun.
GROUPE EMERIGE
ChartierDalix Architectes
L'artiste est représenté par la galerie Éric Mouchet (Paris-Bruxelles).

« L'objectif était de transformer des initiatives individuelles en une démarche collective, de renouer le lien entre architecture et art. »

Laurent Dumas

une œuvre à un artiste. Nous avons donc mis en commun des champs de spécialités différents, dans le but de faire les choses dans les règles de l'art. La présence du ministère était aussi une manière de souligner une action qui pour les promoteurs n'a aucun caractère obligatoire.

Laurent Dumas — Et nous en étions très demandeurs ! Le « sceau » apposé par le ministère de la Culture constitue une reconnaissance pour tous ces acteurs de l'ombre qui soutiennent déjà la création. C'est également la garantie qu'une attention particulière soit portée à la qualité des œuvres installées. Enfin, nombre d'entreprises ne sont pas familières de la commande artistique et la charte rédigée par le ministère de la Culture permet d'encadrer le dispositif et notamment d'assurer le respect des droits des artistes.

PARIS

Gérard Garouste
2010

Portes en bronze massif.

GROUPE EMERIGE

DTACC Architectes

Il s'agit en effet d'un engagement vis-à-vis des artistes et de leurs créations. Installer une œuvre dans un immeuble, est-ce pour la vie ?

Béatrice Salmon — Plutôt pour un certain temps... Ce qui est créé ne l'est pas forcément pour l'éternité. Tout simplement parce que l'art évolue et notre rapport au temps également. Nous sommes tous dorénavant conscients qu'il faut penser l'avenir mais de manière raisonnée. Cela fait partie de ce dialogue encadrant la relation entre promoteurs et artistes, dire que l'on s'engage mais pour une durée déterminée. Simplement car il peut y avoir des transformations d'usage qui poseront la question du sens de l'emplacement de l'œuvre à tel endroit. Il faut donc pouvoir être amené à rediscuter, encore une fois dans le respect du droit. Car nous avons tous pu constater que certaines œuvres présentes dans l'espace public se sont dégradées faute d'entretien. C'est toujours un risque. L'essentiel est d'être transparent avec les artistes et respectueux de leur droit moral.

Laurent Dumas — Un immeuble lui-même n'est pas éternel. Dans certaines circonstances, des ensembles de bureaux peuvent faire l'objet d'une transformation ou d'une réhabilitation. Exemple avec l'ancienne préfecture de la Seine, boulevard Morland à Paris : nous avons déposé et rendu à la Ville de grandes œuvres en céramique qui ornaient le hall, et ce dans le respect du droit de l'artiste. Dans le même temps, nous avons commandé une œuvre spectaculaire à Ólafur Elíasson, installée au sommet de l'immeuble et dont les miroirs renvoient une image inversée des toits de Paris. Sans oublier l'installation d'œuvres commandées à Alice Guittard, Stefan Rinck ou Mohamed Bourouissa... De nouvelles œuvres peuvent se substituer à des œuvres plus anciennes. L'important est la présence de l'art.

Comment éviter l'échec et être sûr que l'œuvre rencontrera un public ?

Laurent Dumas — On ne peut jamais être certain qu'une œuvre rencontre tout le public. Et c'est le sens de la présence de l'art dans des espaces de vie en commun. Il provoque nécessairement des discussions entre regardeurs. En revanche, il est important que dans le cadre de l'installation d'une œuvre dans un immeuble, les conditions d'acceptation soient réunies. C'est pourquoi, chez Emerige, dans le cadre du programme et pour chaque immeuble, trois artistes sont invités à présenter devant un jury une œuvre qui s'inscrive à la fois dans le projet architectural et dans le territoire. Ce jury est composé de l'architecte, de représentants de la ville, et d'Emerige. Sur une centaine d'œuvres commandées, une seule d'entre elles a été remplacée par une autre. Nous avions alors mal apprécié la taille de l'œuvre par rapport à son environnement direct. Quant à la réception de l'œuvre par les habitants, nous organisons des médiations spécifiques, notamment lors des inaugurations, en présence de l'artiste.

Le programme vient de fêter ses dix ans avec plus de 1000 œuvres installées. Avec le recul, quel regard portez-vous sur cette collection ?

Béatrice Salmon — Je n'utiliserais pas le mot collection... il s'agit plutôt d'un ensemble d'œuvres très hétérogène, d'une très grande diversité de formats, de médiums, d'artistes... Avec une forte représentation de la sculpture, ce qui semble assez naturel lorsque l'on touche au registre de l'occupation de l'espace collectif, de l'espace public. Sculpture qui s'est en même temps totalement renouvelée dans ses formes ! Cette hétérogénéité me semble être l'une des grandes vertus du programme, à l'image d'une scène française très diverse, de parcours d'artistes qui se font selon des modalités différentes. Il ne fallait surtout pas chercher à imposer une forme particulière.

Laurent Dumas — Et c'est ce que tout le monde redoutait ! La démarche des entreprises signataires s'inscrit d'abord dans un esprit de générosité et de responsabilité. C'est un engagement sociétal fort et il était important de ne pas ajouter de la contrainte à des professions déjà très réglementées. Sur la question de la collection, je suis tout à fait d'accord, une collection relève d'une intention et suggère une certaine cohérence. Or ce n'est pas l'objectif poursuivi par le programme. Il s'agit d'inscrire une œuvre dans un contexte immobilier singulier. Même si désormais se dessinent dans certaines grandes villes des parcours d'art contemporain 1 immeuble, 1 œuvre.

« Cette hétérogénéité me semble être l'une des grandes vertus du programme, à l'image d'une scène française très diverse, de parcours d'artistes qui se font selon des modalités différentes. »

Béatrice Salmon

Comment le mesurez-vous ?

Laurent Dumas — Aujourd'hui, plus de mille œuvres ont été installées dans des immeubles. Un rapide calcul de fréquentation basé sur le nombre moyen de logements par immeuble et d'habitants par logement donne le chiffre spectaculaire d'un million de personnes qui ont accès à des œuvres au quotidien. À ce public s'ajoutent les salariés des immeubles de bureaux. Je vous laisse imaginer la croissance de ce chiffre dans les années qui viennent. En d'autres termes, des millions de personnes vont avoir accès à la création contemporaine, y compris des publics qui en sont éloignés pour des raisons géographiques, sociologiques ou économiques. Nous sommes là au cœur de l'enjeu d'1 immeuble, 1 œuvre.

Béatrice Salmon — Avec le recul, nous voyons aussi que certains artistes ayant reçu une commande voilà quelques années étaient alors très peu connus et sont aujourd'hui présents dans de grandes expositions. Je pense notamment à Louis-Cyprien Rials dont j'ai inauguré la première réalisation au sein du programme 1 immeuble, 1 œuvre en 2017 pour Emerige... Ces commandes sont aussi une ressource financière pour les artistes, parfois aussi pour leurs galeries, ce qui est non négligeable dans la période difficile que nous traversons. Le programme est très ancré car il a fait ses preuves, y compris auprès des artistes. En cela, le Club fait un travail d'accompagnement formidable et offre de nombreuses ressources, tant aux artistes qu'aux constructeurs. Le prix, décerné par le ministère de la Culture tous les deux ans, offre aussi une reconnaissance et une visibilité supplémentaire aux acteurs. Il me semble que la force du programme réside dans la complétude du dispositif, associant une grande exigence à une réelle liberté.

Existe-il encore des freins à lever pour que le programme prenne une ampleur nouvelle ?

Laurent Dumas — Le principal frein identifié à court terme demeure le ralentissement de l'activité dans le secteur de l'immobilier. Mais ce qui est remarquable c'est le

PARIS

Studio Other Spaces : Ólafur Elíasson & Sebastian Behmann
The Seeing City – 2023
GROUPE EMERIGE
David Chipperfield Architects et CALQ

Lauréat du prix 1 immeuble, 1 œuvre 2023

renouvellement par la quasi-totalité des entreprises signataires de leur engagement alors que la profession traverse une crise sans précédent. C'est évidemment très positif pour l'écosystème artistique, qu'il s'agisse des artistes ou des galeries. Pour les salariés qui œuvrent à sa réalisation, c'est aussi une source de fierté et de motivation. Cette démarche est vécue comme un engagement et non comme une variable d'ajustement, dans le cadre d'une culture d'entreprise. Autre signe du rayonnement du programme et de la pertinence de son modèle, des villes font désormais de l'installation d'une œuvre dans un immeuble une obligation pour le promoteur.

Laurent Dumas, vous êtes engagé personnellement dans un ambitieux projet de création d'un centre d'art sur l'île Seguin, à Boulogne-Billancourt, qui prendra la forme d'un immeuble-œuvre à lui seul… En quoi ce projet se nourrit-il de l'expérience du programme ?
Laurent Dumas – D'ici un an, l'île Seguin va offrir une expérience unique à tous les publics avec un parc offrant un accès gratuit à une trentaine de sculptures dont certaines sont prêtées par le Cnap, par des collectionneurs privés, par des fondations, et d'autres faisant l'objet de commandes, de la musique avec la Seine musicale, huit salles de cinéma Pathé dont un Imax dernière génération et un centre d'art dédié à la scène française porté par Emerige et conçu par RCR Arquitectes (prix Pritzker 2017). Ce projet exaltant à la fois architectural et artistique est le fruit d'un partenariat vertueux entre les collectivités et des investisseurs privés et se révèle le plus ambitieux de l'histoire du groupe.
Béatrice Salmon – C'est une nouvelle illustration de ce que peut produire pour le meilleur le partenariat public-privé. Et le Cnap y contribue en effet par des prêts exceptionnels, qui j'en suis sûre marqueront le parcours et les esprits. Ce sera un projet évolutif, avec des écritures diverses d'artistes de la scène française. Un assemblage sensible visant l'équilibre.

LA CLÉ DU PROGRAMME DE L'ART PARTOUT ET POUR TOUS

Sophie Flouquet

Certes, il reste encore des acteurs à convaincre, mais tout de même ! En seulement dix ans, le programme 1 immeuble, 1 œuvre, initié en 2015 par 13 promoteurs immobiliers avec le ministère de la Culture et la Fédération des promoteurs immobiliers, a déjà permis l'installation d'un millier d'œuvres d'art contemporain aux quatre coins de l'Hexagone, dans des centaines d'immeubles – résidentiels ou tertiaires – mais aussi des centres commerciaux ou, bientôt, dans des lieux plus inattendus comme une zone de fret aéroportuaire. Celles-ci sont signées par plus de 750 artistes de générations différentes, de Fabrice Hyber à Raphaël Zarka, d'Eva Jospin à Morgane Tschiember, de Daniel Buren à Stefan Rinck, sans oublier Prune Nourry, Daniel Dewar, Grégory Gicquel et tant d'autres... Voilà pour les stars, même si un artiste sur deux a un ancrage local fort, en lien avec le lieu du projet. La collection s'étoffe ainsi continûment, au rythme de quelque 200 œuvres par an. Au point que le programme, en termes de commande artistique, est devenu le plus important de France. Depuis les années 1950, il existait le 1 % artistique, émanant de l'État et des collectivités locales pour les équipements publics – une obligation –, la commande publique, ou encore le programme des Nouveaux commanditaires, appuyé sur des initiatives citoyennes. Il faut désormais compter également sur les forces vives d'1 immeuble, 1 œuvre pour essaimer l'art dans l'espace collectif, au plus près des citoyens. Et les artistes en redemandent. En juin 2025, alors qu'il était l'un des lauréats du prix décerné par le ministère de la Culture (créé en 2019), l'artiste Hugo Servanin l'avouait sans rougir. « Cela me donne envie d'en faire d'autres ! s'enthousiasmait-il. J'ai beaucoup aimé la dimension technique du projet qui, lorsqu'on travaille à cette échelle, s'imbrique avec la pensée artistique. » Même enthousiasme du côté du commanditaire, Covivio, société foncière très active depuis 2018 avec plus de 24 œuvres déjà créées. « Cela correspond à nos convictions sur l'immobilier de demain, notamment de participer au bien-être de nos usagers », souligne Marielle Seegmuller, directrice des opérations chez Covivio. Actifs dans la fabrication de la ville, de plus en plus soumis à une

VERSAILLES
(YVELINES)

Étienne Rey
Réfraction AB et BC
2020
Verre architectural dichroïque, acier thermolaqué.
EIFFAGE IMMOBILIER
Atelier JP Mallet Architecture
Production : bOssa

certaine pression citoyenne, les acteurs de l'immobilier cherchent désormais à susciter, au travers de leurs projets, la création de nouveaux lieux favorisant l'inclusion, le partage et l'échange. Dans ce contexte, l'art n'est autre qu'un puissant levier.

« Le principe de la charte, c'est la liberté ! »

Chacun opère toutefois à sa manière. Il y a ceux qui commencent à véritablement collectionner les œuvres, avec parfois une certaine tendance à l'addiction (296 pour le seul groupe VINCI Immobilier) ; d'autres qui arrivent encore timidement dans le programme ; ceux qui s'appuient sur des experts pour choisir ; ceux qui au contraire ont instauré tout un travail collectif de sélection au sein de l'entreprise. Au final, voilà donc promues une multitude d'œuvres, toutes singulières, toutes nées d'un contexte particulier. Et c'est bien ça qui en fait l'intérêt : éviter l'uniformité, en dire un peu sur les lieux, les commanditaires, les usagers, car choisir une œuvre ou en permettre la création n'est jamais anodin. « Le principe de la charte, qui définit et encadre le programme, c'est la liberté ! » insiste Arthur Toscan du Plantier, qui fut à la manœuvre pour faire éclore cet ambitieuse opération alors qu'il était conseiller au cabinet de la ministre de la Culture et de la Communication Fleur Pellerin – il est aujourd'hui directeur général adjoint du groupe Emerige et président du

Club 1 immeuble, 1 œuvre. En d'autres termes, aucune obligation n'est imposée aux signataires, si ce n'est de faire appel à un artiste professionnel vivant et actif de la scène française, de privilégier la qualité des œuvres, cela en association avec la galerie de l'artiste lorsqu'il en a une. Au départ, toutefois, le pari était osé : il fallait unir deux mondes, celui des acteurs de l'immobilier, dont l'image n'est pas toujours associée à la poésie, à celui des artistes. Si quelques entreprises de l'immobilier installaient déjà des œuvres dans les immeubles qu'elles construisaient ou réhabilitaient, l'idée a germé, à l'initiative de Laurent Dumas, collectionneur et président du groupe Emerige, de rassembler ces acteurs pour transformer des initiatives individuelles en une démarche globale et lui donner une dimension beaucoup plus ambitieuse – en évitant de se contenter de poser une œuvre à un endroit. Il fallait donc y mettre de l'humain, du lien, faire en sorte que le « supplément d'âme » ne soit pas un vain mot. Autre préoccupation : tâcher de couvrir tout le territoire, pas uniquement la région francilienne qui concentre pourtant une part importante des programmes immobiliers. D'où un appui sur la Fédération des promoteurs immobiliers et ses adhérents, mais aussi sur les filiales en régions des grands groupes comme VINCI Immobilier, Bouygues Immobilier ou encore Eiffage Immobilier. Aujourd'hui, une œuvre sur deux est installée hors Île-de-France, dans des villes petites et moyennes, des territoires ruraux ou des quartiers urbains périphériques. Au fil des années, le processus s'est ainsi affiné. Il a gagné en ampleur mais aussi en pertinence, insistant sur l'importance de l'expérience de l'accompagnement artistique. En 2015, 13 membres fondateurs – ils sont aujourd'hui 100 signataires ! – furent réunis et invités autour de la table avec la ministre de la Culture Fleur Pellerin et Alexandra François-Cuxac, alors présidente de la Fédération des promoteurs immobiliers et soutien inconditionnel du programme. Il s'agissait de convaincre et de mettre des mondes en connexion. Dans cette histoire, tout est allé très vite : rédaction de la charte, engagement des premiers adhérents… avec une signature officielle des 13 pionniers et de la ministre le 16 décembre 2015. Tous se sont engagés à respecter les grands principes de la charte : faire appel à un artiste vivant, procéder à la commande ou à l'achat d'une œuvre existante dans le champ des arts visuels, mais aussi prendre à leur charge la rémunération de l'artiste ainsi que les coûts de production et d'installation de l'œuvre.

Si les premiers signataires étaient principalement des promoteurs immobiliers, souvent des grands groupes du secteur (Accor, Ardian, BNP Paribas Real Estate, Bouygues Bâtiment Île-de-France, Marignan, la Compagnie de Phalsbourg, Eiffage Immobilier, Emerige, Gecina, Hines, Ogic, Pitch Promotion et VINCI Immobilier), les profils se sont renouvelés par la suite. Notamment avec l'arrivée

UN SOUTIEN VIA LE CLUB

Toujours dans le but d'affiner le programme, le Club 1 immeuble, 1 œuvre est né en 2019. Il permet de proposer un service sur mesure aux signataires de la charte et de leur apporter un accompagnement et des conseils personnalisés dans un esprit de partage de bonnes pratiques. « Il s'agit à la fois d'aider les entreprises qui ne connaissent pas ou peu le marché de l'art, et d'encourager les expériences communes à travers voyages, visites de foires et ateliers », explique Arthur Toscan du Plantier, son président. Le principe de la charte étant la liberté de l'entreprise, c'est elle qui décide du modus operandi. Soit l'entreprise est déjà commanditaire d'œuvres et alors celle-ci dispose d'un réseau d'artistes et parfois même, comme le groupe Emerige, d'une bourse tremplin pour artistes émergents, ce qui lui permet de puiser dans son vivier d'artistes. Soit l'entreprise n'a pas une pratique développée de la commande artistique, et alors elle peut avoir recours à un art advisor, ou si elle est membre du Club, peut s'appuyer sur l'équipe coordinatrice. Le Club a ainsi signé un partenariat avec le réseau Documents d'artistes et le Comité professionnel des galeries d'art (CPGA). Ce dernier édite chaque mois une newsletter diffusée à ses 340 galeries membres. Des appels à projets peuvent y être publiés et les galeries font des propositions d'artistes qui leur paraissent les plus à même de dialoguer avec l'architecte et de s'inscrire dans le territoire. Le Club contribue également à la valorisation de l'engagement des signataires de la charte et des œuvres commandées ou acquises, en menant des actions de communication et en mettant à disposition de ses adhérents des outils pour la communication interne et externe de leur entreprise. Il coordonne les réseaux sociaux du programme et partage les réalisations des adhérents. Les membres sont réunis régulièrement autour d'événements d'art contemporain (visites de foires, d'expositions, d'institutions, à Paris ou en régions), rencontres qui offrent aux adhérents l'opportunité de découvrir le travail d'artistes et de créer des liens avec les acteurs de la scène artistique française et d'échanger sur leurs projets.

PARIS

Caroline Corbasson
Colorscape
2021

Vidéo, écran LED, 2,5 m de diamètre.

NUVEEN REAL ESTATE

Bouchaud Architectes et Art Qad Architectes

d'entreprises diversifiées, comme la société d'investissement Colliers Global Investors France, ou d'autres de plus petite taille et implantées en régions comme Boulle dans le Bas-Rhin, Primalp à Annecy, Sportimmo à Marseille, AFC Promotion à Biarritz, Belin Promotion à Toulouse ou Vestia à Montpellier, mais aussi des bailleurs sociaux, Toit et Joie – Poste Habitat, Seqens, Logeo Seine ou encore

Au fil des années, le processus s'est affiné, il a gagné en ampleur mais aussi en pertinence, insistant sur l'importance de l'expérience de l'accompagnement artistique.

Valdevy. Ces derniers apportent une dimension particulière au programme, ancrée dans la relation de long terme avec les locataires et les projets de rénovation urbaine. À titre d'exemple, lauréat du prix 2023, Toit et Joie – Poste Habitat a ainsi mené avec Cécile Jaillard la réalisation d'une fresque végétale participative à Villiers-le-Bel, impliquant habitants de tous âges et transformant la placette centrale en lieu de rencontre.

Un mouvement collectif

Ce qui était le fruit de simples initiatives individuelles est donc devenu un mouvement collectif, rapprochant des univers divers dans un but : toucher au cadre de vie et donc s'infiltrer dans le quotidien de personnes souvent éloignées de l'art contemporain pour de multiples raisons – sociales, économiques, géographiques… Le programme concerne ainsi à la fois le résidentiel et le tertiaire au sens large (bureaux, commerces, centres commerciaux…), ce qui détermine aussi la nature des œuvres, notamment dans leur échelle. Les budgets sont souvent plus conséquents pour les bureaux, plus contraints dans le résidentiel. Mais l'intention reste la même : faire dialoguer les habitants ou les usagers avec une œuvre originale, conçue pour leur lieu de vie ou de travail. Nouveau venu dans l'aventure, le groupe ADP, signataire de la charte depuis 2023, apporte une ouverture au programme en s'implantant sur des territoires inattendus : les zones aéroportuaires. Fidèle à sa politique culturelle, l'entreprise a lancé un ambitieux appel à candidatures pour la création d'une œuvre qui verra le jour en 2026. L'initiative s'étend jusqu'au cœur des espaces logistiques, dans le cadre des aménagements de la zone

Il ne s'agit pas de faire de la décoration, d'installer une œuvre dans un hall comme on y poserait une banquette.

de fret de l'aéroport Paris-Charles de Gaulle, dite « Cargo City ». L'œuvre prendra place sur la voie publique, à proximité d'un arrêt de bus et d'axes de circulation douce, pour être accessible et visible de tous : salariés, collaborateurs, voyageurs, riverains et membres de la communauté aéroportuaire. C'est le signe aussi de la porosité désormais acquise entre entreprises publiques et programme privé suscitée par 1 immeuble, 1 œuvre.

Pour chacun des projets, l'objectif est également d'inciter à un dialogue sur l'art, créant du lien entre les résidents ou usagers, quitte à recueillir des avis parfois divergents. Car il ne s'agit pas de faire de la décoration, d'installer une œuvre dans un hall comme on y poserait une banquette. La réussite passe par un dialogue mené, autant que faire se peut, très en amont entre l'architecte et l'artiste, pour bien penser l'intégration de l'œuvre. Arthur Toscan du Plantier aime se référer à un principe de droit : « que l'œuvre devienne un immeuble par destination », qu'elle en soit indissociable. Dans certaines entreprises, un jury se forme, composé du promoteur, de l'architecte et d'un représentant de la collectivité locale (maire, adjoint à la culture ou à l'urbanisme), et tranche, de manière collégiale, afin de choisir entre plusieurs artistes présélectionnés. Nulle intention de brider les envies : la nature des œuvres est plurielle (peintures, fresques, installations, sculptures, arts numériques, créations textiles, etc.). Elles peuvent également être installées n'importe où, y compris dans l'espace public aux abords du projet. D'autres sont des créations éphémères, pensées pour magnifier le moment du chantier. Ainsi de cette initiative singulière de Bouygues Immobilier (UrbanEra), menée à Lyon à la Cité des Halles (7e arrondissement) dans le cadre d'un projet d'urbanisme transitoire. En partenariat avec Habitat et Humanisme Rhône, un ensemble d'hébergements d'urgence constitue le Village Lortet, soit 20 bungalows et un chalet dédié aux usages collectifs, installés là le temps de la reconversion de la friche. Une quinzaine de familles y est hebergée, les enfants étant scolarisés dans les écoles du quartier et les adultes accompagnés par une équipe d'Habitat et Humanisme Rhône vers des solutions de logement pérennes et vers l'insertion professionnelle. Le bel espace de jeux coloré, à destination des enfants du village, y a été coréalisé avec l'artiste Yandy, résident à la Cité des Halles, qui y a créé quatre œuvres produites dans le cadre du programme 1 immeuble, 1 œuvre.

Vers plus de médiation

Alors que le programme connaît un réel succès, quel levier activer désormais pour le déployer à une nouvelle échelle ? « Il faudrait l'ancrer encore davantage localement, dans des zones où les promoteurs sont moins présents. Et surtout, impliquer davantage les habitants dans le processus d'interaction avec les œuvres, souligne Arthur Toscan du Plantier. L'idéal serait d'inventer et de multiplier des formes de médiation entre l'artiste, les habitants et les riverains pour leur permettre de s'approprier les œuvres et d'échanger avec les artistes. » Des visites scolaires, des rencontres avec les artistes, des collaborations avec des centres d'art, des inaugurations partagées sont déjà organisées pour favoriser la médiation autour des œuvres. Beaucoup d'entre elles sont d'ailleurs visibles et accessibles depuis l'espace public. Les événements nationaux, tels que les Journées du patrimoine, organisées tous les ans au mois de septembre, sont aussi l'occasion de mettre en œuvre une médiation spécifique dans le cadre de parcours artistiques et architecturaux. Ainsi dans le quartier Seine Ouest d'Asnières, aménagé par Eiffage Immobilier, où sept œuvres (dont deux créées en copromotion) sont au cœur d'un dispositif de découverte conçu pour les habitants et les curieux. À Nantes, un projet croisé impliquant plusieurs signataires de la charte (Bati-Nantes, Cogedim, Eiffage Immobilier), met en valeur, dans le cadre du Voyage à Nantes (une programmation d'art contemporain pensée à l'échelle du territoire), la sculpture monumentale *Je serai douce*, créée par Sanam Khatibi en contrebas de la résidence Escale. « J'aimerais que toutes les entreprises s'engagent dans cette voie, insiste Arthur Toscan du Plantier. Notamment pour toucher les plus jeunes car c'est auprès d'eux que l'art et la culture ont le plus d'impact. »

PAGE DE DROITE, HAUT

NOISY-LE-GRAND (SEINE-SAINT-DENIS)

DuoDuo (Agnès Pezeu & July Ancel)
Nymphée – 2023
Ensemble de pièces en grès émaillé. Plusieurs dimensions.
AFC PROMOTION INTERCONSTRUCTION EAGLESTONE GROUP
AQMA Architectes

PAGE DE DROITE, BAS-GAUCHE

VITRY-SUR-SEINE (VAL-DE-MARNE)

Bouda
Capra – 2025
Acrylique et bombes aérosols.
VALDEVY
Production : Des ricochets sur les pavés

PAGE DE DROITE, BAS-DROIT

MALAKOFF (HAUTS-DE-SEINE)

Jeanne Wilkins Searle
Jardin Cosmique 2024
Pétales en porcelaine, socle en bois et fil de nylon.
BOUYGUES IMMOBILIER
Atelier 2/3/4

DE QUELQUES PRINCIPES DE LA CHARTE

« Convaincus que le recours à des artistes s'inscrit, pour les promoteurs et les constructeurs, dans l'objectif de proposer des immeubles qui offrent une grande qualité de vie ; Certains que les œuvres d'art favorisent les échanges intergénérationnels et entre les personnes, quels que soient leur milieu, leur niveau d'éducation ou leur catégorie sociale ; Souhaitant que les œuvres d'art dans les immeubles, et notamment dans les parties communes ou ouvertes au public, soient l'occasion et la chance de familiariser le plus grand nombre avec des langages nouveaux et une incitation à accepter l'altérité ; Confiants dans la capacité des artistes à répondre aux différents types de commandes qui peuvent leur être proposées et à prendre en compte les contraintes propres à chaque situation de construction ; Considérant que la très grande diversité des pratiques artistiques contemporaines permet d'envisager des interventions artistiques adaptées à l'ensemble des situations de construction et d'usage ; Désireux de soutenir la scène artistique française et la création contemporaine »

ENTRETIEN

DOMINIQUE PERRAULT ET GAËLLE LAURIOT-PRÉVOST

Propos recueillis par Philippe Trétiack

« Il faut favoriser au plus tôt la constitution d'un binôme architecte-artiste »

À Boulogne-Billancourt, Citylights est un complexe de bureaux édifié en 1975 par Daniel Badani et Pierre Roux-Dorlut, et totalement réhabilité en 2016 par l'architecte Dominique Perrault (agence DPA), sous la maîtrise d'ouvrage de BNP Paribas Real Etaste. Il accueille une œuvre monumentale signée Gaëlle Lauriot-Prévost, directrice artistique de l'agence DPA. Retour sur la genèse d'un projet aux reflets métalliques éblouissants.

Que représente pour vous l'opération 1 immeuble, 1 œuvre ?

Dominique Perrault : Une initiative qui doit être saluée. D'ordinaire, dans le monde de la construction, la rentabilité prime. On ne parle que d'argent. Là, il s'agit d'autre chose. Il s'agit de mettre en phase le secteur privé avec le projet culturel que soutient l'État à travers des dispositifs comme le 1 % artistique. À terme, c'est un musée gratuit qui se constitue de bâtiment en bâtiment, accessible aux usagers de tous ces édifices concernés.

Gaëlle Lauriot-Prévost : C'est une initiative plus que généreuse. Dans le cas de Citylights, nous avons travaillé ensemble, artiste et architecte, dès le début du projet. C'est une leçon. Dans trop de cas, les utilisateurs d'un bâtiment se tournent vers les galeries pour installer une œuvre une fois la construction achevée. Les marchands y gagnent mais bien souvent le résultat déçoit. Pour que l'opération 1 immeuble, 1 œuvre soit positive, il faut favoriser au plus tôt la constitution d'un binôme architecte-artiste.

Ce qui fut donc le cas pour Citylights ?

Dominique Perrault : Nous avons gagné ce concours en 2008 et les travaux ont débuté cinq ans plus tard. Ce fut une bonne nouvelle pour Boulogne. Au départ, le maire voulait raser les trois tours car elles étaient déconnectées de leur environnement urbain. Par chance, il s'est rendu compte qu'il ne pourrait jamais retrouver sur ce site, la Tête du Pont de Sèvres, la même quantité de mètres carrés qu'il s'apprêtait à faire disparaître. Investis du projet, nous avons choisi de débarrasser les tours de leurs façades mais d'en conserver la très belle structure à trois pétales en béton. Nous y avons même ajouté un quatrième pétale. Nous avons ensuite démoli et reconstruit la zone centrale en y créant un hall. Nous avons développé autour du squelette de béton conservé un concept de façades prismatiques. Parce que ce site s'avérait déplorable du point de vue urbain, nous avons œuvré à le relier à son environnement. L'ensemble s'est trouvé unifié par le hall traversant que Gaëlle a justement appelé « une esplanade intérieure ».

Gaëlle Lauriot-Prévost : Au départ nous n'étions pas mandatés pour réaliser tous les aménagements intérieurs. Un décorateur en avait obtenu la charge. Nous avons donc positionné tous les éléments, escaliers, rampes, accès... et nous l'avons laissé faire. Mais l'ensemble Citylights est soumis à de strictes réglementations. La crainte des incendies rend l'usage des matériaux très contrôlé et cette complexité a fini par perdre le décorateur qui s'est finalement retiré du projet. Nous l'avons repris dans sa totalité. Dans cette architecture de prismes, d'hexagones, d'octogones où le métal et les éclairages soulignent les obliques du sol au plafond, dans cet univers de reflets et de transparences renforcés par l'usage de parois de maille tissée, j'ai cherché à installer au cœur du hall une sculpture qui donnerait envie aux employés comme aux visiteurs de gravir la volée de marches tirée entre une rue basse, à l'avant de l'ensemble, et une rue haute sise à l'arrière.

Quel est le concept de cette œuvre ?

Gaëlle Lauriot-Prévost : J'ai imaginé de grandes ailes, ces pales qui habillent et occupent le hall. Ce sont des lustres, mais leur apparence les rapproche plutôt d'une sculpture. Elles ont été baptisées *Albatros* car par leur taille elles tiennent de cet oiseau, celui dont Charles Baudelaire dit que « ses ailes de géant l'empêchent de marcher ». Pour les dessiner, nous avons créé un prototype que nous avons installé dans le bureau de Dominique, et durant une année nous en avons surveillé l'évolution. Car ces pales métalliques de six mètres d'envergure en inox poli miroir sont lourdes et ne prennent leur forme que par leur propre poids.

BOULOGNE-BILLANCOURT (HAUTS-DE-SEINE)

Gaëlle Lauriot-Prévost
Les Albatros – 2015
14 lustres de 6 m d'envergure chacun.
BNP PARIBAS REAL ESTATE
Dominique Perrault Architecture

UNE COLLABORATION AVEC LORIS CECCHINI

Habitué des grands projets immobiliers, le duo Dominique Perrault & Gaëlle Lauriot-Prévost a été impliqué dans le programme 1 immeuble, 1 œuvre sur un autre projet, le Métal 57, dernier vestige des installations industrielles de Renault à Boulogne-Billancourt, construit en 1984 par Claude Vasconi. Lors de la réhabilitation-reconstruction de cet ensemble menée par BNP Paribas Real Estate (qui y a installé son nouveau siège), une œuvre de Loris Cecchini a été suspendue dans le hall. Passionné par la structure de la matière, Loris Cecchini lui a donné la forme d'une chaîne moléculaire en acier. « La nature en elle-même me fascine : l'organisation phénoménale du mouvement des liquides, la forme des feuilles, la structure des graines, la complexité des formes minérales... Je les observe et je les laisse m'indiquer la voie à suivre, puis j'aime souvent la développer par le biais d'une ligne de pensée technologique. » Intitulée *Waterbones*, cette sculpture aérienne évoque un organisme qui se développe en jouant avec la gravité.

BOULOGNE-BILLANCOURT (HAUTS-DE-SEINE)

Loris Cecchini
Waterbones – 2022
Acier inoxydable, 8,5 x 7,5 m.
BNP PARIBAS REAL ESTATE
Accompagnement : ArtBliss

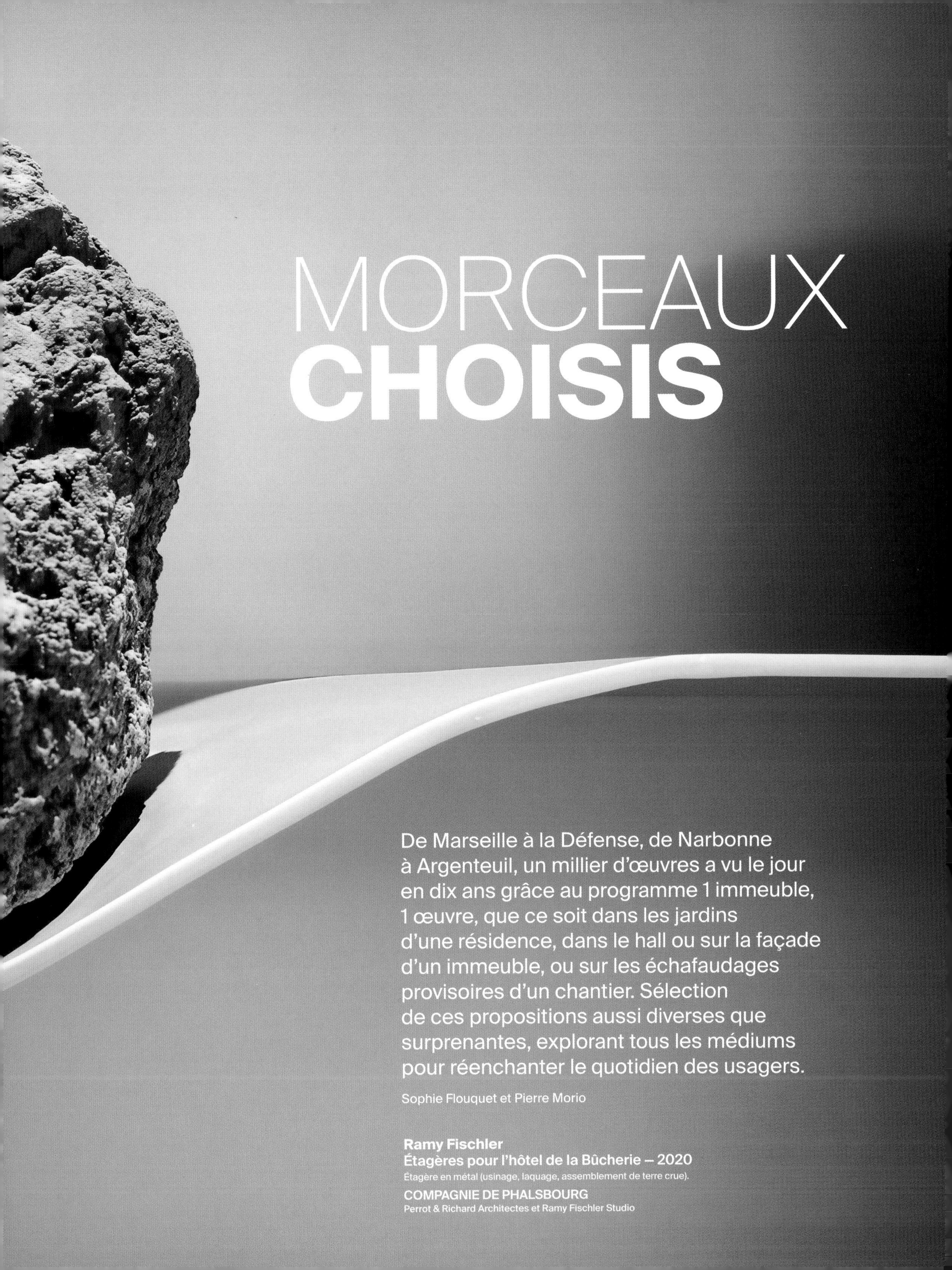

MORCEAUX **CHOISIS**

De Marseille à la Défense, de Narbonne à Argenteuil, un millier d'œuvres a vu le jour en dix ans grâce au programme 1 immeuble, 1 œuvre, que ce soit dans les jardins d'une résidence, dans le hall ou sur la façade d'un immeuble, ou sur les échafaudages provisoires d'un chantier. Sélection de ces propositions aussi diverses que surprenantes, explorant tous les médiums pour réenchanter le quotidien des usagers.

Sophie Flouquet et Pierre Morio

Ramy Fischler
Étagères pour l'hôtel de la Bûcherie – 2020
Étagère en métal (usinage, laquage, assemblement de terre crue).
COMPAGNIE DE PHALSBOURG
Perrot & Richard Architectes et Ramy Fischler Studio

EXPLORER DES MONDES PARALLÈLES

CLAMART (HAUTS-DE-SEINE)

De l'art en cascade

Nichée entre deux bâtiments, une grande fresque aux accents Art déco et aux tonalités aquatiques vient nimber de sa présence apaisante le nouveau quartier Grand Canal à Clamart. Le duo d'artistes SupaKitch & Koralie a une fois de plus montré toute sa complicité dans la réalisation de cette œuvre de 22 mètres de haut et d'une superficie de 130 mètres carrés. Intitulée *Cascade Palm*, celle-ci s'articule autour de deux éléments : l'eau et la végétation. En écho direct avec les enjeux environnementaux de ce quartier en devenir et à la nature déjà présente dans la ville, des formes végétales sculptées sur bois et peintes ont été appliquées sur une évocation de paysage maritime, inspirées des mouvements de l'eau créés par une houle légère.

SupaKitch & Koralie
Cascade Palm – 2021
Fresque, peinture et bois, 6 x 22 m.

EIFFAGE IMMOBILIER
Arcas architects
Production : Quai 36

NANTERRE (HAUTS-DE-SEINE)

Rien à voir !

Quatre chaises vertes perchées en deux rangées sur un mât s'élevant à 22 mètres de hauteur. Elles dominent l'espace public, notamment un vaste stade, offrant une vue panoramique sur le nouveau quartier Nanterre Cœur Université et son environnement urbain, plongeant vers la Seine avec Paris en arrière-plan. Daniel Baumann, auteur, avec Sabina Lang, de cette monumentale sculpture tout autant prouesse technique, pose la question : « Qui va s'y installer ? » Personne, à vrai dire. Car les deux plasticiens, en duo depuis 1990, cherchent avant tout à perturber notre perception traditionnelle des lieux et des espaces qu'ils investissent, qu'il s'agisse d'une place publique ou d'une plage… Ils sont coutumiers des propositions décalées avec leurs installations requérant différents médiums – sculpture, peinture, gonflables…
Leur objectif : déjouer le récit attendu, produire des mirages, non sans une touche de fantaisie. « Quand les archéologues sortiront de terre cette sculpture, dans mille ans, ils se poseront la question du sens de cet objet. Et ils auront sans doute de jolies théories sur le sens de notre civilisation. »

Lang / Baumann

Beautiful View #1 **– 2019**

Acier et fonte d'aluminium laquée, 22 m de hauteur.

BOUYGUES IMMOBILIER

Randja, OXO Architectes, François Leclercq et Samuel Delmas Architecte

Lauréat du prix 1 immeuble, 1 œuvre 2023

PARIS

Un dialogue entre passé et présent

Situé dans l'une des rues les plus anciennes de Paris, en plein Quartier latin, l'hôtel de la Bûcherie, dont les fondations datent du XVe siècle, a servi de terrain de jeu à Ramy Fischler. Le designer, ancien pensionnaire de l'Académie de France à Rome, s'est fait une spécialité de conjuguer savoir-faire traditionnels et nouvelles technologies. Il signe ici les aménagements intérieurs du Philanthro-Lab, tout en épure et respect de l'histoire chargée des lieux, dont ces étagères mais aussi des lustres jouant des reflets des éclairages LED sur des rubans de métal légèrement distordus. Hypnotique !

Ramy Fischler

Étagères pour l'hôtel de la Bûcherie – 2020

Métal usiné, laqué, assemblement de terre crue.

COMPAGNIE DE PHALSBOURG

Perrot & Richard Architectes et Ramy Fischler Studio

LA DÉFENSE
(HAUTS-DE-SEINE)

Se fondre dans le décor

Trois paysages aux lignes évanescentes viennent donner une touche de poésie à ce jardin intérieur protégé de la tour CB21, au cœur de la Défense. Hugo Servanin, diplômé de l'École nationale supérieure des arts décoratifs de Paris (Ensad) en 2018, aime hybrider les références et les techniques. Ici, dans ce quartier d'affaires « où l'on transforme les choses de la vie en données statistiques », il a réinterprété via l'intelligence artificielle le célèbre *Déjeuner sur l'herbe* (1862-1863) d'Édouard Manet. « Philosophiquement, ce tableau faisait sens par rapport à mon projet. J'ai essayé de tendre vers la même dynamique, à savoir représenter la symbiose entre l'humain et la nature », explique l'artiste. Le résultat, transposé sur de grandes plaques en grès émaillé installées tels trois écrans, est aussi poétique que déroutant. Inscrites dans la matérialité du mur, les œuvres produisent un effet cinétique semblable à celui des cartes lenticulaires, se dévoilant progressivement. « L'ordinateur s'est mis très vite à créer des images abstraites avec des corps dissous dans le paysage ; le ciel, les arbres et les couleurs ont changé », explique Hugo Servanin. Une métaphore de notre monde postnumérique.

Hugo Servanin
Objet 10 — 2023
Trois céramiques en grès émaillé, 7 x 7 x 7 m.

COVIVIO
Harrison & Abramovitz

L'artiste est représenté par la galerie Nicoletti Contemporary (Londres).

Lauréat du prix 1 immeuble, 1 œuvre 2025

PARIS

L'appel des sommets

Au printemps 2023, les équipes du festival d'art urbain Colors Festival prenaient possession d'un immeuble rue de Buci pour y proposer une exposition de 32 artistes. Ces derniers étaient invités par Stanroc Real Estate à créer des œuvres dans les locaux du promoteur immobilier. Avant les travaux de rénovation, les street artistes ont pu laisser libre cours à leur créativité pour orner comme bon leur semblait tous les espaces des trois bâtiments de l'adresse. En mémoire de cette exposition éphémère, seul subsiste *Another Way*, la fresque réalisée par GraffMatt. Avec ce portrait de jeune femme toisant les monts enneigés, le graffeur originaire de Chambéry insuffle sur l'immeuble parisien un vrai vent de fraîcheur.

GraffMatt
Another Way – 2025
STANROC REAL ESTATE

PUTEAUX (HAUTS-DE-SEINE)

Fenêtre sur l'âme

Qui est *Jeanne*? Difficile de le savoir, tant son personnage change au fil des minutes et des jours. Pourtant voilà son visage désormais familier des usagers de ce hall d'accueil de bureaux, à Puteaux, tout près de la Défense. Car *Jeanne* est d'une extrême sensibilité. Le moindre sourire esquissé la fait réagir et son visage s'en trouve modifié. Pionniers des arts numériques qu'ils explorent depuis les années 1980, Catherine Ikam & Louis Fléri interrogent volontiers l'identité des individus à l'heure post-Internet.
Se jouant de la tradition immuable de l'art du portrait, ils nous confrontent ici à un questionnement. Qui est humain, qui est virtuel? Qui est sensible, qui ne l'est pas? « Le visage est un lieu de désorientation », estime Catherine Ikam. Une œuvre telle une fenêtre vers un monde parallèle, à l'invite de *Jeanne*, étrange avatar matérialisant l'instabilité de nos sentiments.

Catherine Ikam & Louis Fléri
Jeanne – 2020
Installation vidéo générative et interactive, 99,6 x 177,1 cm.
GROUPE ELYSÉES MONCEAU
CL Concept
Les artistes sont représentés par la galerie W (Paris).

RUEIL-MALMAISON (HAUTS-DE-SEINE)

Un monde devant soi

À quoi pense cet enfant qui regarde sa main tenant une pierre ? Prend-il conscience du geste qu'il s'apprête à faire ? Empreinte de gravité, la sculpture réalisée par Fabien Mérelle pour la résidence Origami n'en est pas moins porteuse d'espoir. Pour évoquer le mythe de Deucalion et Pyrrha, enfants de titans et seuls rescapés du déluge dans la mythologie grecque, l'artiste a choisi de figer dans le bronze le moment ou les deux personnages s'apprêtent à jeter derrière eux des pierres pour recréer l'humanité – ces cailloux ainsi dispersés devenant respectivement femme ou homme. Comme l'espoir d'un monde nouveau.

Fabien Mérelle
***Une pierre derrière soi* – 2025**
Bronze patiné, 1,50 m de haut.
BNP PARIBAS REAL ESTATE
Quadri Fiore Architecture

L'artiste est représenté par la galerie By Lara Sedbon (Paris).

MARSEILLE (BOUCHES-DU-RHÔNE)

OVNI de béton

En langue provençale, « caiòu » évoque quelque chose de bizarre, d'étrange, de singulier. C'est bien une installation étrange qui se découvre dans la résidence La Panouse. Les artistes et amis Célia Cassaï, Tony Ceppi et Laurane Gourdon Fahrni ont créé ces structures en béton, matériau incontournable du secteur de la construction. Celles-ci émergent du sol comme des résidus de forages, des carottage géologiques imaginaires. Ces excroissances terrestres semblent figées et pourtant se transforment sensiblement au gré des heures, d'un hiératisme minéral le jour à une évocation lumineuse irréelle, une fois la nuit venue.

Celia Cassai, Tony Ceppi, Laurane Gourdon Fahrni
***Caiòu* – 2020**
Béton, pigments, résine, métal, plexiglass, néons, 5 x 5 x 6,5 m.
EIFFAGE IMMOBILIER
Carta – Reichen et Robert Associés

LA PART DU RÊVE

PARIS

Paroles en l'air

Julie Gauthron aime manier les fils, notamment de lumière, et par extension les néons. Dans une tradition qui s'inscrit dans l'histoire du pop art, l'artiste trace au crayon des visages, délicates esquisses traduites par la suite en œuvres de lumière. Ici, pour ce vaste hall d'un immeuble de bureaux parisien, il est question d'échanges, d'un dialogue qui fuse entre deux personnages. Des paroles qu'on espère ne pas être simplement en l'air, toute suspendue soit cette œuvre monumentale.

Julie Gauthron
Dialogue — **2025**
30 tubes de néon, dimensions variables.
NUVEEN REAL ESTATE
B. Architecture

BONDY (SEINE-SAINT-DENIS)

En hommage à la forêt

S'intégrer en douceur et interagir avec le paysage. Laisser les oiseaux se poser, le temps faire sa patine, la lumière moduler délicatement les transparences colorées des surfaces du vitrail... Clara Rivault joue avec les effets de matière avec cet écran vibratile, produisant un délicat ballet chromatique au fil des heures, grand vitrail qui semble avoir toujours été présent dans le jardin de cette résidence. Il consiste en une évocation sensible du riche passé forestier de Bondy, qui a forgé l'identité de la ville où demeure encore aujourd'hui un vaste poumon vert et un réservoir de biodiversité. Le titre de l'œuvre, *Heureux sous son ombre*, n'est autre que la devise de la commune. Diverses essences (hêtre, charme, chêne ou roseau des étangs) issues de la forêt y ont été matérialisées par leur empreinte dans le verre. Une subtile ode à l'indispensable présence de la nature au cœur de la ville, au cœur de la vie.

Clara Rivault
Heureux sous son ombre — 2023
Vitrail autoportant, verre feuilleté trempé, transfert sur encre céramique, acier inoxydable, 230 x 170 x 8 cm.
Fabrication : L'Atelier A

POLYCITÉS
Hamonic + Masson & Associés
Production : Manifesto

L'artiste est représentée par la galerie Les filles du calvaire (Paris).

ARGENTEUIL (VAL-D'OISE)

Solidarité et partage

Elle habille désormais le grand pignon d'un immeuble du 98 de l'avenue Maurice-Utrillo, comme une trentaine d'autres grandes fresques qui font d'Argenteuil un musée à ciel ouvert. Créée par l'artiste urbain et muraliste Hopare (Alexandre Monteiro de son vrai nom) en collaboration étroite avec les habitants (pour faire émerger des symboles forts leur tenant à cœur) et en partenariat avec la Ville, cette grande peinture rend hommage aux artistes qui jadis rendirent célèbre la petite ville des bords de Seine, les impressionnistes. Du mouvement fondateur de la modernité demeure cet ancrage dans le paysage, mais aussi dans le réel et la vie quotidienne. Il est là question de solidarité, de vivre ensemble, de partager ses rêves et ses espoirs. Les portraits, très réalistes, sont ceux d'habitants du quartier. Tous voguant vers un futur solidaire.

Hopare
***La Barque des rêves partagés* — 2024**
24 x 13 m.

TOIT ET JOIE - POSTE HABITAT
Jean de Mailly
Accompagnement : Urban Signature

BOBIGNY (SEINE-SAINT-DENIS)

Une nouvelle présence

Artiste touche-à-tout, cheffe d'atelier aux Beaux-Arts de Paris, Nathalie Talec n'a peur de se confronter ni à l'art ancestral de la statuaire ni aux habitants qui vivront dorénavant au quotidien avec son œuvre. Avec *Le Secret*, commandé par le bailleur social Seqens pour les jardins de la résidence des Cerisiers, la plasticienne a créé une œuvre figurative forte, imposant sa présence. Ce buste de jeune fille de trois mètres de haut, d'une blancheur immaculée, drapée d'un manteau d'or protecteur – évoquant une couverture de survie –, incarne la jeunesse féminine et la créativité de cet endroit, en pointe dans le combat pour l'égalité. La sculpture a été au centre d'une étroite collaboration avec les différents acteurs du territoire, notamment la Ville, puis les habitants impliqués dans une médiation autour du projet. L'œuvre est désormais incluse dans la promenade artistique mettant en valeur le matrimoine de la commune. *Le Secret*, allégorie du vivre ensemble, sera désormais bien gardé par les balbyniens.

Nathalie Talec
Le Secret – 2024
Polyuréthane, 3 m de hauteur.
SEQENS
Groupe Arcane Architectes et SLG Paysage

L'artiste est représentée par la galerie Maubert (Paris).

Lauréat du prix 1 immeuble, 1 œuvre 2025

MARSILLARGUES (HÉRAULT)

Une jungle en Méditerranée

À quelques encablures de la mer Méditerranée et des grandes plages héraultaises, une jungle peu commune s'est épanouie sur le mur d'un nouveau complexe immobilier de Marsillargues. Le domaine des Vignes aurait tout aussi bien pu être baptisé domaine des Amazones, tant l'œuvre d'Aude Brouiller (dite Aude B.) nous embarque vers les confins de l'Amérique latine. L'artiste montpelliéraine offre sa vision d'une forêt luxuriante, fantasmagorique, où la faune et la flore s'épanouissent sous le regard immobile d'un masque, sorte de divinité protectrice de la nature. La matière du rêve.

Aude Brouiller
Sans titre – 2022
11 x 8 m.
VESTIA
PCH Architecture

RÉINVENTER LE PAYSAGE

NARBONNE (AUDE)

De la légèreté des capucines

C'est une véritable forêt de capucines géantes en bronze patiné (160 fleurs, dont certaines dorées à la feuille d'or) qui a été plantée dans le jardin de la résidence Blanc Vendôme à Narbonne. Au centre, deux sculptures constituées de deux rubans de cuivre oxydés en vert-de-gris. Cette installation, baptisée *Entrelacs*, a été pensée par la jeune artiste Manon Damiens, sculptrice sur métal installée dans le Narbonnais. Celle-ci poursuit l'objectif de toujours résoudre dans ses œuvres le paradoxe de son matériau de prédilection : rendre le métal le plus léger possible. Ici, traité de manière aérienne, il oscille au gré du vent. Devant chaque porte, l'artiste a apposé, tels des bijoux de mur, des sculptures reprenant la forme de capucines.

Manon Damiens
Entrelacs – 2022
Bronze, cuivre.
GROUPE SANGALLI MARATUECH
Jean-Pierre Rayssac

BIARRITZ (PYRÉNÉES-ATLANTIQUES)

Poésie basque

Pour qui pénètre le hall de la résidence Milady View à Biarritz, le regard se tourne irrésistiblement vers ce relief intriguant. Composée de bois découpé et peint, l'œuvre est signée Koralie Carmen Flores et s'appelle *Paisaia*, paysage en langue basque. L'artiste y déploie son vocabulaire, puisant aux sources de l'Art déco et de la géométrie végétale (la phyllotaxie). Et de préciser : « Ce bas-relief puise son inspiration dans la diversité géographique et linguistique du Pays basque. J'ai cherché à capturer l'harmonie naturelle des paysages où se côtoient des éléments opposés et complémentaires : la rencontre entre terre et océan, avec ses collines et ses falaises, ses plages et ses montagnes, ses forêts et ses rochers. » Le résultat est une ode à la beauté sauvage de cette région.

Koralie Carmen Flores
Paisaia — 2024
Bas-relief en bois découpé et peinture acrylique, 8,2 x 2,2 m.
AFC PROMOTION
Douarche Architectes

Lauréate du prix 1 immeuble, 1 œuvre 2025

TOULOUSE (HAUTE-GARONNE)

Un si doux paysage

Signe de la très grande diversité des œuvres produites dans le cadre du programme 1 immeuble, 1 œuvre, l'artiste textile Brankica Žilović a créé de grands paysages brodés qui prennent place dans les halls d'entrée du programme Terre Garonne, articulé en plusieurs immeubles. Par monts et par vaux, inspirés des Pyrénées proches ou des montagnes de la Serbie natale de l'artiste, ces tapisseries, qui contrastent avec la sobriété de l'architecture, sont travaillées en laine épaisse et texturée. Elles épousent délicatement la ligne ascendante de l'escalier, comme une invitation au voyage.

Brankica Žilović
Montagne 03 — 2024
Laine, lin, 3,5 x 2,2 m.
BELIN PROMOTION
Taillandier Architectes associés

COLOMBES (HAUTS-DE-SEINE)

Morsures du temps

Référence directe au film de Federico Fellini sorti en salles en 1983 et auquel elle emprunte son nom, *Nave va* d'Hervé Bourdin nous embarque pour un voyage immobile. Le navire, s'il est échoué sur cette étendue de graviers, ne demande qu'à reprendre le large. Pour un dernier voyage ? C'est qu'il semble avoir bourligué sur toutes les mers, faisant sienne la devise « Fluctuat nec mergitur ». L'artiste a choisi un cuivre patiné et verdi qui, selon lui, « retrace la morsure du temps, la survie face aux intempéries. Une structure faite de couples en bois et cette peau de métal résument l'ambiguïté entre force et faiblesse. Le témoin d'une époque capable du pire et parfois du meilleur. »

Hervé Bourdin
Nave va – 2024
Structure en bois recouverte de plaques de cuivre patiné, cheminées acier.
INTERCONSTRUCTION, EAGLESTONE GROUP
Agence Posto29

VERSAILLES (YVELINES)

Ode au végétal

Les nénuphars semblent flotter sur une surface dorée. Dans ces peintures hyperréalistes, Katarzyna Wiesiolek brouille les frontières entre photographie et peinture dans une atmosphère de doux mystère. Pour ce projet installé à Versailles, l'œuvre devient poésie : « Analogie fugace ou clin d'œil aux marais qui recouvraient autrefois le plateau sur lequel fut érigé le château de Versailles, cette œuvre rappelle aux contemplateurs le frémissement embrumé et les bruissages discrets de l'automne. Attiré par les éclats de lumière, le regard plonge dans l'eau tel le roseau qui soupire et finit par s'aventurer dans les moindres détails du feuillage. En son cœur embrasé par des tons azur et ambrés, l'ineffable mythologie des rivages trouve une résonance silencieuse, presque consolante. Une ode au végétal. »

Katarzyna Wiesiolek
ECHO Versaliae – 2023
Peinture à l'huile sur toile, 3 x 4 m.
ESPRIMM
Fragments Architecture
L'artiste est représentée par la galerie Éric Dupont (Paris).

TOULOUSE
(HAUTE-GARONNE)

L'imagination la fleur au fusil

À Toulouse, le duo de street artistes Lady M & Speedy Graphito a redonné des couleurs aux halles de la Cartoucherie. Cette immense bâtisse de plus de 13 500 mètres carrés a abandonné son passé de production d'armes pour devenir un lieu de vie pluriel. L'univers onirique de Lady M, tout en douceur et en fluidité, dialogue avec les formes géométriques, les lignes marquées et les couleurs vives de Speedy Graphito. L'œuvre singulière, mêlant abstraction et énergie, métamorphose ce projet porté par des coopératives du milieu de l'économie sociale et solidaire, de la culture, du sport et de la restauration.

Lady M & Speedy Graphito
Geometric Landscape – 2024
REDMAN
Compagnie Architecture et
Oeco Architectes (réhabilitation)

NANTES (LOIRE-ATLANTIQUE)

Rêverie des bords de Loire

Artiste pluridisciplinaire, Adrien Ledoux questionne la notion d'espace public depuis son mémoire de fin d'études consacré au sujet. Il s'applique ainsi à proposer de nouvelles expériences dans ses réalisations in situ. Son outil principal ? Son œil et son regard sur ce qui l'entoure. Celui qui affectionne les formes géométriques précise : « Le plus important n'est pas le sujet mais la manière de le restituer en assemblant les formes et les couleurs. » Pour cet immeuble d'habitation construit sur l'île de Nantes, à proximité de la Loire, il a retranscrit la palette de couleurs du fleuve dans une grande fresque évoquant ce paysage si particulier des berges sauvages de ce cours d'eau, le plus long de France.

Adrien Ledoux
Fenêtre — 2023
Fresque réalisée à l'acrylique.

BATI-NANTES
Pierre Silande – Palast Architecte

PARIS

Un paysage abstrait

Du jaune, du vert, de l'orange, des touches de rose et de violet, les couleurs franches choisies par Stéphane Calais pour ces *Bosquets* réveillent les murs des entrées et sorties des ascenseurs, sur les six étages d'un parc de stationnement construit dans le nouveau quartier de Clichy-Batignolles, à Paris. L'artiste a été choisi pour apporter sa palette vibrante et sa capacité à se jouer des effets d'échelle. Pour lui, « la peinture interagit avec l'architecture et le déplacement. C'est une expérience de la rencontre qui se joue dans chaque peinture murale, de confrontation avec le regardeur qui devient acteur dans le décor placé ici. » Il ne reste plus qu'à laisser son regard se perdre dans ces formes vives.

Stéphane Calais
Les Bosquets — 2019
Peinture acrylique, dimensions variables.

MARIGNAN
Gaëtan Le Penhuel Architectes, Saison Menu & Associés et Sud Architectes

L'artiste est représenté par la galerie Gilles Drouault (Paris).

L'ESPRIT DES LIEUX

PARIS

Hommage à Léonard de Vinci

Au cœur du triangle d'or, l'artiste Olivier Ratsi déploie au sein de la Maison Madeleine une spectaculaire œuvre lumineuse. Sa sculpture en néon s'étire sur 60 mètres, tout en courbes et contre-courbes, produisant un flux lumineux en mouvement telle une spirale vivante. Elle invite le visiteur à expérimenter une relation directe avec la lumière. Olivier Ratsi revendique avoir pensé son œuvre en hommage aux recherches tardives de Léonard de Vinci, notamment sur les escaliers tout en circonvolutions. D'où cette dimension très architecturée, non dénuée de poésie.

Olivier Ratsi
Serpentine : les libres révolutions
2024

Néon Flex 24V blanc, élingues, suspensions, 60 m de longueur.

BLACK SWAN REAL ESTATE CAPITAL
Baumschlager Eberle Architekten

L'artiste a été accompagné par CROSSED LAB, et l'entreprise par Joanna Khalaf.

PARIS

En majesté

Cherchez l'erreur… Sur la façade du chantier Renaissance, soit plus de 800 mètres carrés de bâche rue François-Ier, au cœur de Paris, sont apparus subitement de grands portraits à la mode flamande. Sauf que les attributs de ces personnages à collerettes n'ont rien d'ancien : marteau-piqueur, perceuse, bétonneuse ou encore smartphone… Le photographe Sacha Goldberger, ancien publicitaire, a fait poser plusieurs des compagnons actifs sur le chantier. Vêtus de costumes d'époque et mis en scène, ils ont été saisis dans un éclairage clair-obscur qui sème, chez le passant, une once de doute sur le statut de l'œuvre : tableau ou photographie ? Dans tous les cas un geste éphémère, qui aura magnifié le moment du chantier.

Sacha Goldberger
Les Compagnons Renaissance – 2019

Photographie, 6 portraits de 7 x 9 m chacun, œuvre temporaire, impression sur bâche de 50 x 12 m.

ARDIAN REAL ESTATE
Agence CALQ

Lauréat du prix 1 immeuble, 1 œuvre 2019

GRENOBLE (ISÈRE)

Le pouvoir de la nature

Les arbres ont des superpouvoirs, notamment, dit-on, celui de communiquer entre eux. C'est cette « Supernature » que l'artiste Claude Como explore depuis 2019. Dans la continuité de cette série, elle propose pour le projet Wood une œuvre murale réalisée en laine touffetée qui traduit l'harmonie voulue entre nature et architecture. Entre ses mains, la laine devient le médium de sa réflexion sur l'environnement. Se déploient sur les murs du hall d'accueil des formes végétales imaginaires envahissantes et paradoxalement rassurantes. Cette nature hybride, évoquant des arbres et des cellules organiques, occupe librement l'espace et nous invite à y puiser une énergie vitale.

Claude Como
Déracinés – 2025

Œuvre unique in situ réalisée en laine touffetée sur toile.

VINCI IMMOBILIER
ECDM Architectes

VINCI Immobilier a été accompagné par l'agence Belugart.

ANGERS (MAINE-ET-LOIRE)

Une œuvre-monument

Il fallait oser s'affronter à ce monumental ensemble de la fin du XIVe siècle, celui de la tenture de l'Apocalypse, constituée à l'origine de six grandes pièces textiles, toujours visible au sein du château d'Angers. Le peintre paysagiste Olivier Masmonteil l'a fait sans complexe. Il a ainsi réinterprété le chef-d'œuvre de Jean de Bruges en 14 peintures tirées de sept scènes, telles La chute de Babylone, La bête de la mer, Saint Michel terrassant le dragon ou La vendange des réprouvés… Peintes sur une toile de lin brute, elles évoquent la matérialité de la tapisserie et prolongent la réflexion sur le sens original du mot apocalypse, qui signifie révélation, dévoilement.

Olivier Masmonteil
L'Apocalypse – 2024
Acrylique sur toile de jute.

OPEN PARTNERS
Ory Architecture

LILLE (NORD)

Cythère dans le cadre

La rénovation de l'hôtel d'Avelin, un hôtel particulier du XVIIIe siècle situé dans le centre de Lille, a permis de révéler une façade arrière jusque-là peu visible, désormais ouverte sur un jardin contemporain aménagé sur l'ancien parking souterrain, et accessible aux usagers du bâtiment. C'est pour le long mur d'enceinte du jardin que Bruno Desplanques a créé une série de 16 grands panneaux émaillés sur pierre de lave, sa technique de prédilection. Inspiré de l'univers du peintre Antoine Watteau et notamment de *L'Embarquement pour Cythère*, son travail évoque la légèreté et les jeux de l'amour galant du XVIIIe siècle. Les compositions, parfois licencieuses, sont visibles selon différents points de vue, depuis l'espace public mais aussi de l'intérieur de l'édifice, dans un jeu de cache-cache qui n'aurait pas déplu à Watteau.

Bruno Desplanques
Embarquement — 2023
Pierre de lave émaillée.

GROUPE SOFIM
François Bisman et Vincent Plantez – Apsis

IVRY-SUR-SEINE (VAL-DE-MARNE)

Mémoire à la une

Avec les « Lettres d'Ivry », Alice Guittard a imaginé 27 œuvres en clin d'œil aux anciennes imprimeries du journal *Le Monde* qui ont occupé le site de 1989 à 2015. Réalisées en marqueterie de pierre, technique qu'elle découvre en 2018 lors d'un séjour à Istanbul et qu'elle met en pratique depuis, ces pièces représentent des mains qui ouvrent des journaux. Chacune évoque une année à travers un fait marquant – qu'il soit politique, écologique, culturel, social ou scientifique – qui fut alors relayé en une. L'artiste s'est plongée dans les archives du journal pour y extraire ces moments clés. « J'ai aimé m'imaginer les souvenirs de ces personnes témoins de ces unes qui ont marqué l'imaginaire collectif », souligne-t-elle à propos de ce projet qui s'inscrit dans la continuité de son travail sur la mémoire des choses, sur l'âme des objets.

Alice Guittard
1989-2015 — 2022
NEXITY – LINKCITY – BOUYGUES BÂTIMENT ÎLE-DE-FRANCE ET POLYCITÉS
ANMA Architectes urbanistes

L'artiste est représentée par la Double V Gallery (Paris-Marseille).

LORIENT (MORBIHAN)

Imprimer la rétine

Avant le temps du chantier, qui transformera ces espaces en une résidence écoconçue de 190 logements, voilà celui du street art. Au printemps 2025, l'ancien magasin Imagina de Lorient est devenu le champ d'expérimentation des artistes de la Diaspora Crew & Co, collectif d'une quinzaine de graffeurs, invités par les promoteurs Seemo, Groupe Arc et Keredes à s'emparer du moindre espace de mur disponible de ce lieu de 1000 mètres carrés. Une seule contrainte, explorer le thème de l'imaginaire. En sont nées de vastes peintures murales aussi fortes qu'éphémères, qui ont imprimé durablement la rétine des visiteurs.

Diaspora Crew & Co
Exposition « WOOD STREET 2 », œuvres éphémères — 2025
SEEMO, GROUPE ARC ET KEREDES
Agences 2Portzamparc et Archivolto

PARIS

Rhizome de verre

Le verre est sa matière, le vitrail son médium. Diplômée de l'École supérieure des beaux-arts de Montpellier, Clara Rivault a fait le pari des arts du feu. En amont de la fusion, son travail est long et minutieux, fruit de l'observation de matières organiques et de fibres vivantes, qu'elle collecte et documente avec méticulosité et qui constitueront la matrice de ses verres, leur texture, leur couleur. Pour cet immeuble hébergeant les bureaux de l'Institut français, à Paris, son œuvre s'accroche aux cinq étages des façades largement vitrées telle une plante grimpante susceptible d'interagir avec son environnement. À l'intérieur, il n'est pas question d'occulter ni la vue ni la clarté, mais d'offrir un jeu de matières et de lumières instillant une douce atmosphère. De l'extérieur, pour les simples passants, *Hedera* rend vivante la façade, à qui elle offre ses reflets changeant au gré de la lumière.

Clara Rivault
Hedera – 2024
GROUPE TERROT
Renaissance les Architectes

L'artiste est représentée par la galerie Les filles du calvaire (Paris).

PANTIN (SEINE-SAINT-DENIS)

Hymne à la diversité

En hommage au passé industriel de Pantin, Pascale Marthine Tayou s'est inspiré de la cheminée d'une ancienne blanchisserie présente sur le site pour offrir aux habitants cette sculpture monumentale. Dans ce quartier populaire, l'artiste continue son exploration des rapports entre l'humanité et ses environnements. Installée sur une place ouverte sur le canal de l'Ourcq, l'œuvre s'inscrit comme un repère pour les Pantinois. Le nuage de verre qui s'échappe de la cheminée rappelle tout autant les émanations de vapeurs, symbole de la cité ouvrière en déclin, bouleversée par les effets de la mondialisation, qu'il évoque le voyage, une échappée vers l'ailleurs. C'est, pour l'artiste, « [une] note à l'hymne de la diversité symbolisée sur cette place par ces pavés colorés qui reflètent l'éclat du jour et éclairent nos nuits ».

Pascale Marthine Tayou
Cristal Cheminée – 2020
Ciment, briques, pavés colorés, polymère, 6 x 4 m.
GROUPE EMERIGE
Avenier Cornejo Architectes

L'artiste est représenté par la Galleria Continua (Paris-San Gimignano-Pékin-Les Moulins-La Havane-Rome-São Paulo).

LE BLANC-MESNIL
(SEINE-SAINT-DENIS)

Bienvenue à la ferme

Dans le hall de la résidence, un paysage irréel, faussement familier, nous accueille. Des arbres aux troncs solides, une maison à la cour pleine de vie animale (regardez ces poules !), voici la vision idyllique d'un quotidien à la campagne que propose Ugo Schildge. En souvenir du passé agricole du quartier de la Molette, au Blanc-Mesnil, l'artiste s'est ingénié à recréer l'environnement d'une ferme. Pour ce faire, il associe pigments naturels, eau et plâtre, usant à grande échelle de la technique de l'émail cloisonné. La matière employée devient aussi un élément central de la composition, avec ces reflets bruts et ces aléas de séchage rendant l'œuvre unique et imprévisible. Pour brouiller la frontière entre peinture et sculpture, entre réalité et illusion.

Ugo Schildge
La Ferme de la Molette — 2025
GROUPE EMERIGE
Marc Farcy Architecture

L'artiste est représenté par la galerie Italienne (Paris) et la galerie Dumonteil (Paris-Shanghai).

MONTPELLIER (HÉRAULT)

100 % minéral

Des roches aux formes organiques s'épanouissent sur les murs, agencées de façon aléatoire. Cette collection atypique est le fruit de l'imagination et du talent de sculptrice d'Audrey Guimard. Fidèle à sa pratique interdisciplinaire, l'artiste a composé son œuvre à partir de roches extraites d'une carrière située sur les hauteurs de Montpellier, puis l'a produite au sein de l'atelier de taille de pierre de Jenny Peter. Cette fascination pour la pierre, elle la doit en partie à ses études d'archéologie. Elle confie aussi : « J'ai grandi entourée du minéral, en montagne. Premier contact visuel et physique avec beaucoup d'escalade, puis l'archéologie et l'histoire de nos civilisations gravées dans la pierre : tout cela a imprimé ma rétine. J'ai une réelle fascination et un profond respect pour ce matériau. » Avec un leitmotiv, « créer des passerelles entre l'architecture, le land art, l'installation et le design. »

Audrey Guimard
***Fossile* – 2023**

Sculpture sur pierre.

COGEDIM (ANCIENNNEMENT WOODEUM / PITCH IMMO)
BPA Architecture

Accompagnement : Clara Copin pour Studio art in situ.

PONTOISE (VAL-D'OISE)

Une allégorie du chantier

La matière brute est au travail dans ce programme dont la livraison par Conserto est prévue en 2027. Cette pièce appartient à une série de sculptures intitulée « Hard Work », qui fut présentée pour la première fois à la galerie Jérôme de Noirmont à Paris en 2012. Les sculptures et assemblages qui la constituent – outils, objets et matières – sont tous issus de l'univers du chantier et de la construction architecturale, domaines chers à l'artiste, et jouent sur les rapports de force et d'équilibre. Ou tout l'art de bâtir !

Benjamin Sabatier
Sculpture de la série « Hard Work » – 2012
CONSERTO
Sterenn Architecture - Benoit Andrier

64

MARSEILLE (BOUCHES-DU-RHÔNE)

Tout en épure

Disséminés dans le parc paysager de cette résidence cossue du 8e arrondissement de Marseille conçue par l'architecte Roland Carta, cinq modules en acier peint découpé dialoguent avec la nature environnante. Leurs formes courbes évoquant des vagues ainsi que leur nombre font aussi écho aux Jeux olympiques et paralympiques de 2024, dont les épreuves de voile se sont déroulées à proximité. Par leur simplicité formelle, ces œuvres cherchent à « souligner le passage entre le monde de l'idée et celui de la matière ou des forces, renouvelant ainsi l'expérience et la découverte », explique l'artiste Gabrielle Conilh de Beyssac, qui pratique tout autant le dessin que la sculpture. Avec une grande économie de moyens, *Écarts* est une invitation à la contemplation dans cette résidence très largement ouverte sur son jardin.

Gabrielle Conilh de Beyssac
***Écarts* – 2024**

5 modules en acier peint découpé, dimensions variables.

SPORTIMMO
Roland Carta - Carta Associés

CHAMONIX (HAUTE-SAVOIE)

Un sédiment d'hélium

Installée dans le hall de la résidence Helium, l'œuvre est conçue comme un hommage à l'astronome français Jules Janssen. Ce dernier, envoyé en Inde par le Bureau des longitudes, observa l'éclipse totale de 1868 à Guntur (Inde) et découvrit dans l'atmosphère solaire la raie spectrale de l'hélium, jusque-là inconnue. Pionnier de l'observation astronomique, il fit aussi installer un observatoire au sommet du mont Blanc afin de réduire les perturbations atmosphériques. Damien Richard, artiste autodidacte passionné de transparence, de lumière et de perspective explore un langage entre peinture et sculpture, inspiré notamment de l'art du vitrail. Son œuvre fait dialoguer mémoire - la maison du scientifique se trouvait jadis à cet emplacement - et création contemporaine.

Damien Richard
Helium — 2018
Encre, acrylique et vernis, dyptique recto verso, 180 x 400 m x 4 cm.
PRIMALP
Brière Architectes

NÎMES (GARD)

Poésie du réel

Il essaime partout ses grandes sculptures en résine, là des allumettes géantes, là des trognons de pommes, des bougies calcinées ou des capuchons de stylos mordillés. Héritier revendiqué du pop art, Julien Gudéa crée des œuvres sans forfanterie à l'effet immédiat, des « Totems » conçus telles des vanités contemporaines de notre société de consommation. À Nîmes, sur la façade d'une maison ancienne, il a multiplié l'un de ses motifs de prédilection, les gouttes. Comme les mots le sont souvent, les voilà bleues, celles qui enchantent le quotidien.

Julien Gudéa
Les Gouttes bleues — 2024
Résine.
OURSABEILLE
Chalve & Wantier Design

PARIS

Des brigands dans le jardin

Dans ces jardins hors du temps de l'ancien monastère des Clarisses, situé dans le 7e arrondissement de Paris, se dressent trois formes intrigantes, grandes peaux de bronze enveloppant un pieu de métal. Plantées comme des étendards, ces *Trois Brigands* sont le fruit de l'imagination de Katinka Bock et font écho au conte éponyme du facétieux Tomi Ungerer. S'appuyant sur une remarquable maîtrise technique, l'artiste utilise ici le modelage et la fonte. Comme pour ses autres sculptures, elle a travaillé de manière spontanée pour capter la vitalité de son environnement, qu'il soit urbain ou naturel, et témoigner du regard « sculptural » qu'elle porte sur les objets, sur les espaces et sur les corps.

Katinka Bock
***Trois Brigands* — 2015**
Bronze.

OGIC
ECDM Architectes

Artiste représentée par la galerie Jocelyn Wolff (Romainville).

SAINT-DENIS (SEINE-SAINT-DENIS)

Vibrations colorées

À la nuit tombée, l'allée de Seine, à Saint-Denis, prend des tonalités lumineuses inattendues et variées. C'est là que l'artiste Miguel Chevalier, pionnier de l'art numérique, a conçu un ensemble de sculptures illuminant les plafonds des porches de cinq immeubles et projetant au sol de grandes images d'ondes colorées subtiles qui, en se superposant, entrent en interaction. « De jour, elles restent dans un jeu de transparences et matérialisent la propagation de l'onde. De nuit, elles sont d'autant plus visibles qu'elles sont éclairées sur la tranche et rythmées par un jeu d'interférences entre transparence et translucidité. »

Miguel Chevalier
***Ondes de lumière* — 2024**
Sculptures-lustres en cristal acrylique Dacryl® et Altuglas™ R-Life (acryliques coulés recyclés), rubans LED, projecteurs à gobo, dimensions variables.

VINCI IMMOBILIER
Béal & Blanckaert Architectes, Atelier Pascal Gontier, Lina Ghotmeh Architecture et Gaëtan Le Penhuel Architectes.
Pour VINCI Immobilier résidentiel Île-de-France, village des athlètes, Saint-Denis (France).

L'œuvre s'inscrit dans la démarche Courants Fertiles initiée par la Solideo dans l'ancien village des athlètes.

CONCEVOIR UN IMMEUBLE, CRÉER UNE ŒUVRE

SECRETS DE FABRICATION

Juliette Collombat

Peut-on changer le regard porté sur un bâtiment, sur un quartier, par la seule présence d'une œuvre d'art ? Depuis dix ans, le programme 1 immeuble, 1 œuvre répond par l'affirmative. Sous l'égide du ministère de la Culture, en partenariat avec la Fédération des promoteurs immobiliers, cette initiative invite les acteurs de l'immobilier à intégrer l'art dans leurs projets. Une démarche volontaire, discrète en apparence, mais qui fait émerger une autre manière de penser le paysage urbain : plus sensible, plus partagée, plus audacieuse. Depuis 2015, plus de 1000 œuvres ont ainsi trouvé leur place au cœur de programmes immobiliers portés par des promoteurs, des bailleurs sociaux ou des sociétés foncières. Sculptures, fresques, installations sonores, œuvres numériques : la diversité formelle est à l'image de la diversité des lieux et des publics. Et derrière chaque réalisation se noue une collaboration entre architectes, artistes, collectivités et habitants. « Le monde de l'immobilier n'est pas immobile ! » sourit Marielle Seegmuller, directrice des opérations chez Covivio, qui a adhéré à la charte 1 immeuble, 1 œuvre en 2018. « Nous sommes convaincus que les immeubles doivent être des lieux vivants, ouverts sur la ville, propices à la créativité et à l'échange. L'art y contribue de façon essentielle. » Rouzbeh Badi-Arez, fondateur de Black Swan Real Estate Capital, ne dit pas l'inverse : « Nous considérons que chaque immeuble porte une histoire singulière. L'entreprise collabore avec des artistes dont la touche révèle l'âme des lieux et en conte le récit. Leurs créations tissent un lien entre passé et avenir, inscrivant les projets immobiliers dans une continuité culturelle. »

Parmi les 750 artistes ayant participé au programme figure notamment Eva Jospin, personnalité majeure de la scène contemporaine française. Son nom est associé à deux œuvres emblématiques, toutes deux commandées par le groupe Emerige, membre fondateur du programme. Avec *La Traversée*, installée dans un ensemble immobilier du 7e arrondissement de Paris, le programme Beaupassage, Eva Jospin avait déjà marqué les débuts d'1 immeuble, 1 œuvre en créant une sculpture monumentale en carton découpé. Mais c'est à Massy, en 2022, que l'artiste franchit un nouveau seuil avec *Matera*, une œuvre façonnée dans la peau même de l'immeuble. Conçue en collaboration avec les architectes de l'Atelier Brisac Gonzalez, *Matera* transforme la façade d'une résidence en trompe-l'œil d'écorce, grâce à un complexe

MASSY (ESSONE)

Eva Jospin
***Matera* – 2023**
Béton matricé.
GROUPE EMERIGE
Agence Brisac Gonzalez

«J'ai vraiment travaillé dans l'idée de créer une peau autour de l'architecture conçue par les architectes.»
Eva Jospin

travail de béton matricé. « J'ai vraiment travaillé dans l'idée de créer une peau autour de l'architecture conçue par les architectes », indique l'artiste. Ce projet monumental incarne une forme d'osmose rare entre bâti et création, où l'esthétique ne s'ajoute pas mais s'infiltre dans la structure. L'œuvre devient architecture, et l'immeuble devient œuvre.

> « Nous avons pris le parti de faire appel à l'artiste très en amont. Il ne s'agit pas d'ajouter une œuvre en fin de chantier, mais de coconstruire une expérience dès l'origine. »
>
> **Florian Baril**

Bâtir une expérience

Ce dialogue entre art et immobilier, c'est précisément ce que le programme cherche à encourager. Pour Florian Baril, président de Sopic Aquitaine, 1 immeuble, 1 œuvre est bien plus qu'un dispositif de valorisation : c'est aussi un terrain d'expérimentation. À La Teste-de-Buch, sur le bassin d'Arcachon, le promoteur immobilier prépare actuellement une œuvre en collaboration avec l'artiste Joël Person, qui connaît bien la région, pour une nouvelle résidence. « Nous avons pris le parti de faire appel à l'artiste très en amont. Il ne s'agit pas d'ajouter une œuvre en fin de chantier, mais de coconstruire une expérience dès l'origine », précise Florian Baril.

Autre acteur engagé, autre contexte : Seqens, bailleur social d'Île-de-France, a signé la charte en 2023 mais possède déjà une cinquantaine d'œuvres dans son parc. Pour Marion Oechsli, sa directrice générale, cette démarche s'inscrit dans une histoire longue : « Chez Seqens, nous avons toujours eu une attention à l'art et à la culture. Mais depuis que nous sommes devenus société à mission en 2022, cette dimension a pris encore plus de sens. Amener l'art dans nos résidences, c'est créer du lien. » D'autant plus que cet engagement permet d'atteindre des publics souvent éloignés des politiques culturelles classiques, notamment les actifs. La première œuvre réalisée dans le cadre du programme a vu le jour à Bobigny, dans la résidence des Cerisiers, lors d'un vaste projet de résidentialisation. L'artiste Nathalie Talec a été sélectionnée à la suite d' un entretien et d'une consultation menée

LA TESTE-DE-BUCH (GIRONDE)
Joël Person
Work in Progress
prévu pour fin 2025
SOPIC

LeTARN, RABASTENS. 2
J.PERSON

PERSON 2010

auprès du Comité professionnel des galeries d'art. Mais au-delà du choix artistique, c'est le processus de co-construction qui a marqué les esprits. « Nathalie Talec est venue à la rencontre des habitants, elle a animé une soirée à la médiathèque de Bobigny, et elle a ainsi nourri son projet de ces échanges », détaille Marion Oechsli. Résultat : une œuvre ambitieuse, inaugurée en septembre 2024, intégrée par la Ville à un parcours proposé lors des Journées européennes du patrimoine en 2024, et lauréate du prix 1 immeuble, 1 œuvre en 2025.

Inclure les habitants

L'œuvre a suscité des réactions enthousiastes des habitants. « Ça donne un autre style à la résidence, et un peu de joie de vivre », remarque Aimé Nyamazomi Ngaka, gardien de l'immeuble, observant chaque jour les allées et venues autour de la sculpture de Nathalie Talec. Seqens veille à ce que chaque œuvre dialogue avec son contexte. À Bagneux, une fresque monumentale signée du street artiste Sojo, réalisée avec la maison de production Quai 36, orne aujourd'hui la façade d'une résidence du quartier des Musiciens. *Bleu ciel*, une œuvre au cœur de la résidence Maurice Langlet à Bagneux, est un autre projet lancé fin 2024 à la suite d'une importante réhabilitation menée par Seqens, avec une démarche artistique ambitieuse appuyée sur le lancement d'un appel à projets à destination de jeunes artistes de moins de 35 ans. Parmi les trois finalistes, c'est l'artiste brésilien Gabriel Moraes Aquino qui a été retenu pour imaginer une œuvre au cœur de la place centrale de la résidence. La sculpture, livrée en octobre 2025, interroge la notion de déplacement, d'adaptation et de transmission culturelle, en écho aux parcours de nombreux habitants. Pour cette première commande, Gabriel Moraes Aquino est accompagné par l'artiste Nathalie Talec et par Art City Agency, qui assure la médiation artistique et culturelle auprès des habitants.

La dimension participative du programme s'exprime aussi dans d'autres projets. À Paris, dans le 18e arrondissement, le bailleur Toit et Joie – Poste Habitat, en collaboration avec les Nouveaux commanditaires et le duo d'artistes Xolo Cuintle, a fait émerger une installation issue d'un dialogue étroit avec les locataires. « Je trouve que c'est une très bonne idée d'inclure les gens dans un process qui impacte leur quotidien », témoigne un habitant. Avant d'ajouter : « C'est toujours bien d'avoir un bâtiment qui est renouvelé. C'est aussi un moyen de fédérer l'immeuble, de se l'approprier. » Enthousiasme partagé par Sylvie Vandenberghe, directrice générale de Toit et Joie – Poste Habitat, et Patricia Guérin, directrice de la culture : « Quel bonheur d'imaginer ensemble des projets culturels dans nos résidences : fresques, sculptures, photographies ou encore dessins ! Des artistes et des habitants

BAGNEUX
(HAUTS-DE-SEINE)

Sojo
***La Música* – 2024**
Fresque murale,
11,6 m x 30,4 m.
SEQENS
Production : Quai 36

réunis pour créer et partager, pour rendre la vie plus belle et embellir le quotidien. »

Pour tous les acteurs interrogés, le programme transforme en profondeur les pratiques. Chez Covivio, un comité interne sélectionne les artistes à partir de propositions d'une agence spécialisée. C'est ainsi qu'a été choisie l'œuvre *Objet 10* d'Hugo Servanin, installée sur la façade de la tour CB21 à la Défense. Une composition en céramique monumentale, inspirée du *Déjeuner sur l'herbe* de Manet, revisitée à l'aide de l'intelligence artificielle.

« L'écosystème de la Défense est très minéral. Nous voulions une œuvre qui crée une respiration, tout en s'inscrivant dans cette verticalité », explique Marielle Seegmuller, directrice des opérations de la foncière. Avec l'essor du programme, Covivio a par ailleurs développé des expositions temporaires dans ses espaces de travail. « Nous pensons qu'il faut créer une porosité entre la création artistique, la ville et l'espace de travail », ajoute-t-elle. Chez Seqens aussi, les retombées sont multiples. Outre l'effet fédérateur auprès des locataires, Marion Oechsli souligne l'enrichissement professionnel : « Le club des signataires permet de partager nos méthodologies avec d'autres acteurs. Et puis cela contribue à casser certains clichés. Un bailleur social peut être un acteur culturel à part entière. » À cet égard, Toit et Joie – Poste Habitat fait figure de précurseur, avec une « direction de la culture » qui mène notamment des résidences de création et un festival annuel en partenariat avec la Drac Île-de-France. Désormais, les acteurs unissent également volontiers leurs forces, soutenant de nombreuses copromotions entre signataires.

Car en filigrane de ce programme, c'est toute une manière d'habiter et de construire la ville qui se redessine. Loin de la simple décoration, les œuvres deviennent des points d'ancrage identitaires, des éléments structurants de l'expérience urbaine. Elles interrogent notre rapport à l'espace, aux autres, au sensible. Si la charte 1 immeuble, 1 œuvre encadre l'engagement des signataires en termes de médiation et de conservation de l'œuvre, les modalités restent libres : ce qui en fait un cadre souple, adaptable à la pluralité des contextes. Pour les acteurs de l'immobilier engagés dans le programme, une œuvre peut transformer un lieu, créer un repère, générer de la fierté. Dix ans après sa création, le programme s'affirme comme un vecteur de transformation durable, aussi bien dans les modes de faire que dans les manières de voir. Il donne aux immeubles une présence et un ancrage. Et invite, au détour d'un hall ou d'une façade, à lever les yeux – et à voir autrement.

PARIS

Xolo Cuintle
Jardin de symbioses – 2024
Céramique et béton, 80 x 120 x 130 cm.
TOIT ET JOIE – POSTE HABITAT
Jean-Claude Delorme
Œuvre réalisée dans le cadre de l'action Nouveaux commanditaires.
Médiation : Thomas Conchou

En filigrane, c'est toute une manière d'habiter et de construire la ville qui se redessine.

LYON (RHÔNE)

Julien Soone
Flower Tower – 2021
Acrylique et céramique, 4,4 x 2,6 x 1,8 x 9 m.
COVIVIO
MA Architectes

ET LES LAURÉATS SONT… UN PRIX POUR RENDRE VISIBLE UNE DÉMARCHE ARTISTIQUE QUI TRANSFORME LIEUX ET USAGES

Sophie Flouquet

L'ambition de la création du programme, en 2015, était simple et forte : faire entrer l'art dans la vie quotidienne, jusque dans les halls, sur les façades ou dans les jardins des immeubles neufs. Quatre ans plus tard, en 2019, le prix 1 immeuble, 1 œuvre est venu distinguer, tous les deux ans, les projets les plus marquants issus de cette dynamique, choisis par un comité composé d'experts de la création artistique et de représentants du secteur. Le prix s'ancre ainsi dans une double reconnaissance, celle des artistes mais aussi celle des promoteurs et des bailleurs qui choisissent d'ouvrir leurs projets à la création. Depuis, il écrit sa propre histoire, à travers des éditions qui illustrent la diversité et l'inventivité de la création contemporaine, la richesse des pratiques artistiques, la répartition des œuvres sur le territoire et l'engagement des professionnels de la construction. Chaque année, son trophée, œuvre d'art originale multiple, est le fruit d'une commande passée à des designers contemporains par le ministère de la Culture. Dès la première édition, le ton était donné en récompensant les fresques colorées réalisées à Villejuif par les street artistes Astro, Olivia de Bona, Théo Lopez et Tim Zdey qui ont chacun métamorphosé l'un des étages d'une résidence étudiante (Linkcity et Bouygues Bâtiment Île-de-France). Les deux sculptures en céramique aux noms poétiques, *Forêt blanche* et *La Fée des pétales*, installées dans des halls d'immeubles à Puteaux par Louise Frydman (VINCI Immobilier), ont également retenu l'attention du jury. L'œuvre monumentale en carton découpé créée par Eva Jospin dans le cadre du programme Beaupassage (groupe Emerige), *La Traversée*, plonge quant à elle les passants dans une véritable forêt imaginaire. Soit trois gestes artistiques très différents – honorés par un trophée conçu par les designers Jean-Baptiste Fastrez et Brynjar Sigurdarson et réalisé à la manufacture de Sèvres – mais illustrant déjà avec force ce que le prix veut mettre en lumière : l'art comme expérience partagée. Deux ans plus tard, en 2021, le jury a distingué trois lauréats ex aequo. Cyprien Chabert pour *Le Bayou*, (Marignan et groupe Duval), vaste fresque en noir et blanc tracée au marqueur dans les halls du programme immobilier O'2 Parcs à Nantes. Sacha Goldberger a été récompensé pour *Les Compagnons Renaissance* (Ardian), composé

PARIS

Carmen Perrin
Nuée d'iris — 2020
Panneaux de façades composés de pavés de verre peints sur les tranches, sur 9 étages.
VINCI IMMOBILIER
M. Vilo Bach

Lauréate du prix 1 immeuble, 1 œuvre 2019

de six photographies des ouvriers du chantier de l'ensemble immobilier Renaissance – et vêtus à la manière de la Renaissance –, exposées sur une bâche installée temporairement en façade du bâtiment parisien. Carmen Perrin a également été saluée pour *Nuée d'iris* (VINCI Immobilier), une élégante composition colorée et translucide constituée de milliers de pavés de verre de tonalités différentes fermant les neuf étages de la façade est de l'immeuble de bureaux Illumine, à Paris. Pour cette édition, c'est l'artiste Mathieu Mercier qui avait imaginé le trophée, produit à l'occasion d'une résidence au Centre international de recherche sur le verre et les arts plastiques (Cirva) à Marseille.

La pluralité à l'honneur

En 2023, quatre lauréats recevant le trophé, conçu et réalisé par la jeune designer Pernelle Poyet, sont venus rappeler l'ampleur du champ couvert par le prix. L'installation immersive *The Seeing City* du Studio Other Spaces, menée par Ólafur Elíasson et Sebastian Behmann à

« Le prix n'est pas un classement. C'est une manière de rendre visibles des démarches artistiques qui, chacune à leur manière, transforment un lieu et ses usages. »

Marion Papillon, membre du comité artistique

Trophée 2019 créé par Jean-Baptiste Fastrez et Brynjar Sigurdarson.

Trophée 2021 réalisé par Mathieu Mercier.

Trophée 2023 réalisé par Pernelle Poyet.

Trophée 2025 créé par dach&zephir.

Paris, transformant les deux derniers étages de l'ensemble Morland Mixité Capitale en une ville flottante illusionniste (groupe Emerige), côtoie la sculpture monumentale *Beautiful View #1* du duo Lang / Baumann à Nanterre (Bouygues Immobilier), telle une tribune panoramique sur la ville juchée à 22 mètres de hauteur. À Montpellier, Clara Langelez et Noon habillent un mur de vibrations colorées (Vestia), tandis que Cécile Jaillard engage habitants et voisins autour d'un projet végétal participatif à Villiers-le-Bel (Toit et Joie – Poste Habitat). Cette pluralité illustre ce que soulignait Marion Papillon, alors présidente du Comité professionnel des galeries d'art et membre du comité artistique : « Le prix n'est pas un classement. C'est une manière de rendre visibles des démarches artistiques qui, chacune à leur manière, transforment un lieu et ses usages. »

Pour les dix ans du programme, une étape supplémentaire a été franchie avec la création par le ministère de la Culture d'un prix du public. Six œuvres présélectionnées par un jury ont été soumises à un vote en ligne, et c'est le *Figuier de Barbarie* de Laurent Perbos, commandé à Toulouse par Belin Promotion, qui a remporté l'adhésion. Ce geste ludique et monumental, qui évoque à la fois nature et urbanité, a séduit par son accessibilité. À ses côtés, trois artistes ont été récompensés par le jury : Koralie Carmen Flores pour *Paisaia* à Biarritz (AFC Promotion), Hugo Servanin pour *Objet 10* à Courbevoie (Covivio) et Nathalie Talec pour *Le Secret* à Bobigny. Pour Marion Oechsli, directrice générale du bailleur social Seqens, qui a porté le projet de Nathalie Talec, ce prix dépasse la seule reconnaissance artistique : « Il s'agit de créer des lieux où il fait bon vivre, où l'art et la culture trouvent toute leur place. » Le trophée 2025 était l'œuvre du duo de designers dach&zephir formé depuis 2016 par Florian Dach et Dimitri Zephir, diplômés de l'École nationale supérieure des arts décoratifs de Paris. Les cheminées des artistes et des acteurs de la construction commencent désormais à être bien encombrées de trophées, tous conçus telles des œuvres à part entière.

TOULOUSE (HAUTE-GARONNE)

Laurent Perbos
***Figuier de Barbarie* 2023**

Aluminium, acier,
160 x 190 x 210 cm environ.

BELIN PROMOTION

Georges Rodriguez - A&A Architecture

Lauréat du prix du public 1 immeuble, 1 œuvre 2025

PARIS

Javier Carro Temboury
Panache, 2024
BLACK SWAN REAL ESTATE CAPITAL
Agences Archicréa DP et Des Sources
Accompagnement : Joanna Khalaf

1 immeuble
1 œuvre

Nos remerciements vont à l'ensemble des entreprises signataires de la charte qui œuvrent au quotidien pour soutenir la création et diffuser l'art au plus grand nombre, et en particulier aux adhérents du Club 1 immeuble, 1 œuvre à l'initiative de cette publication. Nos remerciements vont aussi aux artistes, aux architectes et à nos partenaires.

Club 1 immeuble, 1 œuvre
Président **Arthur Toscan du Plantier**
Vice-présidente **Alexandra François-Cuxac**
Trésorière **Catherine Papillon**
Secrétaire **Félicie Crosnier**
Membres du conseil d'administration
Marc Amzallag, **Clara Descours**, **Patricia Guérin**, **Marie-Claire des Lauriers**, **Agnès Pezeu**, **Delphine de Saint Pol**
Coordinatrices du Club 1 immeuble, 1 œuvre
Sarah Nasla et **Margot Rouas**

Ministère de la Culture
Directeur général de la création artistique **Christopher Miles**
Déléguée adjointe aux arts visuels
Emmanuelle Tridon
Cheffe du département du soutien à la création et à la diffusion **Isabelle Delamont**
Cheffe du pôle commande artistique **Cristina Marchi**
Chargé de mission pour la commande artistique
Antoine Dupuy

Fédération des promoteurs immobiliers
Président **Pascal Boulanger**,
représenté par **Louis Ziz**, vice-président
Directrice de cabinet et des relations institutionnelles
Anne Peyricot

Comité professionnel des galeries d'art
Président **Philippe Charpentier**
Déléguée Générale **Vanessa Cordeiro**

Merci à **Marion de Flers**, **Sophie Flouquet**, **Pierre Morio** et **Fabrice Bousteau** de Beaux Arts Magazine.

Que soient également remerciés celles et ceux qui ont permis à ce programme d'exister et en particulier **Fleur Pellerin**, **Michel Orier**, **Régine Hatchondo**, **Pierre Oudart**, **Georges-Philippe Vallois** et **Marion Papillon**.

Enfin, et parce que « rien n'est plus puissant qu'une idée dont l'heure est venue » (Victor Hugo), merci à **Laurent Dumas**.

BeauxArts &Cie

Une publication de **Beaux Arts & Cie**
9, boulevard de la Madeleine
75038 Paris Cedex 1
Tél. 01 87 89 91 00 • www.beauxarts.com
RCS Paris B 435 355 896

Éditeur **Claude Pommereau**
Coordination éditoriale **Sophie Flouquet**
Création graphique **Catherine Varotsi**
Iconographe **Pierre Morio**
Secrétaire de rédaction **Ivy Aleman**

Ont collaboré à ce hors-série
Juliette Collombat

Beaux Arts & Cie
Président **Frédéric Jousset**
Directrice générale **Solenne Blanc**
Directeur général délégué
Jean-Baptiste Costa de Beauregard
Directrice déléguée des éditions
Aude Mantoux
Directrice des partenariats et directrice adjointe des éditions **Marion de Flers**
Responsable éditoriale **Solène de Bure**
Directrice du studio graphique
Hortense Proust
Responsable de projets partenariats et éditions **Léa Schiavo**
Responsable de production
Charlotte Ullmann

ISBN 979-10-204-1028-3
Dépôt légal : **novembre 2025**
Photogravure : **Key Graphic**, Paris
Imprimé en France

Diffusion libraires
Clients UD / Flammarion Diffusion
commandesclients@union-distribution.fr
Tél. 01 41 80 20 20

Autres librairies
Florence Hanappe / Amélie Fontaine
Tél. 01 87 89 91 06/04

Vente par correspondance
Beaux Arts magazine
4, rue de Mouchy • 60438 Noailles Cedex
Tél. 01 55 56 70 72
abo.beauxarts@groupe-gli.com

Crédits
© ADAGP, Paris 2025 pour les œuvres de ses membres
Couverture : © DB – ADAGP, Paris 2025 / Photo Emmanuelle Blanc. p.2-3 : © Photo Camille Lemonnier. p.4 : © Laurent Vu / SIPA / MCC. p.5 : © Léa Crespi. p.6 : © Photo Clara Langlez. p.7 : © Léa Crespi ; © Céline Nieszawer. p.8 : © Louis-Cyprien Rials / Photo François Lafitte. p.11 : © Olafur Eliasson. p.13 : © Photo Luc Boegly. p.15 : © Grégory Copitet. p.17 : © AFC Promotion ; © Photo Valdevy ; © Photo Floriane Dupont. p.18 : © Photo Alexandre Tabaste. p.19 : © Photo Vincent Fillon ; © Photo Amon Paris. p.20-21 : © Ramy Fischler / Photo Claire Israël et Julien Hananel. p.22-23 : © Julie Montel. p.24 : © Ramy Fischler / Photo Vincent Leroux. p.25 : © Lang / Baumann / Photo Grégoire Crétinon. p.26-27 : © Photo Olivier Ouadah / Musée du Louvre. p.28 : © Photo Stanroc Real estate. p.29 : © Photo Emmanuelle Blanc. p.30 : © Photo Lara Sedbon. p.31 : © Celia Cassai, Tony Ceppi, Laurane Gourdon Fahrn / Photo Julien Gourdon. p.32-33 : © Nuveen. p.34 : © Photo Christophe Poussielgue. p.35 : © Photo Alexandre Monteiro. p.36 : © Photo Alexis Goudeau. p.37 : © Aude Brouiller / Photo Julien Thomazo. p.38-39 : © Photo Gilles Deschamps. p.40 : © AFC Promotion. p.41 : © Photo Brankica Erceg. p.42 : © Photo Sergio Grazia. p.43 : © Esprimm. p.44-45 : © Photo Julien Petit-Pierre. p.46 : © Photo François Dantart. p.47 : © Photo Emmanuelle Blanc. p.48-49 : © Photo Max Borderie. p.50 : © Sacha Goldberger / Photo Emmanuelle Blanc. p.51 : © Photo Héloïse Peyre. p.52-53 : © Photo Aurélien Mole. p.54-55 : © Groupe Sofim. p.56 : © Nexitiy. p.57 : © Diaspora Crew & Co / Photo Chriskavik. p.58 : © Photo Jean-Baptiste Thiriet. p.59 : © Photo Emmanuelle Blanc. p.60-61 : © Ugo Schildge / Photo Joséphine de Rohan-Chabot. p.62 : © Photo Alice Lapeyre et Audrey Guimard. p.63 : © Photo Jean-Philippe Humbert. p.64-65 : © Photo Pierre Quintrand. p.66 : © Damien Richard. p.67 : © Photo Justine Oset. p.68 : © Katinka Bock. p.69 : © Photo Thomas Granovsky. p.71 : © Photo Cyrille Dubreuil. p.72-73 : : © Joël Person / Photo Marine Pierrot-Detry. p.73 : © Joël Person / Photo Frédéric Fontenoy. p.74-75 : © Sojo / SMM. p.76 : © Photo Tony Noel. p.77 : © Xolo Cuintle / Photo Thomas Conchou. p.79 : © Carmen Perrin / Photo Axel Dahl. p.81 : © Photo Brankica Erceg. p.82 : © Photo Aurélien Aumond. p.83 : © Photo Emmanuelle Blanc

PARIS

Prune Nourry
Cracked Head – 2020
GROUPE TERROT
Marilyne Mancinelli

L'artiste est représentée par la galerie Templon (Paris-Bruxelles-New York).